JN303501

わかりやすい！
絵で見る死後体験

坂本政道
アクアヴィジョン・アカデミー代表

ハート出版

5	序
6	登場人物のご紹介
7	1章　体外離脱体験
8	人は死んだらどうなるの？
8	死後は無と言う科学者は非科学的
10	脳内現象では説明しきれない体外離脱体験
13	肉体とは独立に存在する『自分』
13	自分とは『意識』
14	『意識』は物質ではない
15	『意識』は時間と空間に束縛されない
18	『意識』のスペクトル
20	体外離脱体験
22	ヘミ・シンク
23	フォーカス・レベル
25	◆ フォーカス10
26	◆ フォーカス12
27	◆ フォーカス15
28	◆ フォーカス21
29	◆ フォーカスレベルのご案内（10〜21）
30	おまけ
31	ヘミ・シンクと体外離脱体験
33	2章　死後世界の構造
34	フォーカス23以降の世界
36	フォーカス23／囚われの世界
38	フォーカス23の世界／体験 ①
38	幽霊の世界／部屋に閉じ込められて出られない女性
40	フォーカス23の世界／体験 ②
40	孤地獄／各自の想いが生み出す世界
42	フォーカス23の世界／体験 ③
42	永遠になにかをし続ける人々
44	フォーカス23の世界／体験 ④
44	墓の下に眠る人々
46	フォーカス24〜26／信念体系領域
48	フォーカス24〜26の世界／体験 ①
48	想いが具現化する信念体系世界

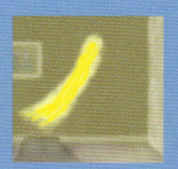

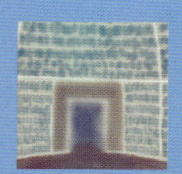

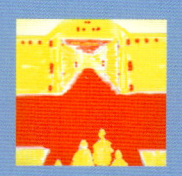

INDEX-1

50	フォーカス24〜26の世界／体験 ②	
50		擬似天国
52	フォーカス24〜26の世界／体験 ③	
52		戦いに明け暮れる男たち
54	フォーカス27／輪廻転生の準備の場	
56	フォーカス27／さまざまな場	
56		受け入れの場
56		癒しの場
58		次の生を計画する場
59		過去世データが貯蔵されている場（資料館）
61		生まれる順番を待つ場
61		昏睡状態にする場
61		次の人生へ送り出す場
62	フォーカス27／知的存在たちが働く世界	
62		他の生命体系と情報交換するCI
64	フォーカス27の世界／体験 ①	
64		さまざまな施設と光景が広がる
64		群盲象をなでる
64		フォーカス27にもあるモンロー研究所
66	フォーカス27の世界／体験 ②	
66		受け入れの場
68	フォーカス27の世界／体験 ③	
68		癒しの場
70	フォーカス27の世界／体験 ④	
70		ヘルパーなどの知的生命体の姿
72	◆ フォーカスレベルのご案内（23〜27）	
73	**3章　過去世への旅**	
74	フォーカス15と過去世体験	
76	過去世への旅／その ①	
76		南洋の島
80	過去世への旅／その ②	
80		中世ヨーロッパ
82	過去世への旅／その ③	
82		ギリシャ・エジプトの僧侶
83		過去世が未来のこともある

INDEX-2

85	4章	輪廻を超えた世界へ
86		フォーカス35の世界／その ①
86		トータル・セルフ
88		フォーカス35の世界／その ①（つづき）
90		フォーカス35の世界／その ②
90		ガイドとその姿
92		フォーカス35の世界／その ③
92		地球生命系から出る
92		異星人の大集合
94		フォーカス42の世界／その ①
94		I・T（トータルセルフ）の集合体、I・Tクラスター
96		フォーカス42の世界／その ②
96		太陽系から出る
98		フォーカス49の世界／その ①
98		I・Tスーパークラスター
100		フォーカス49の世界／その ②
100		クラスター・カウンシル
100		銀河系から出る
102		フォーカス49を超える世界／その ①
102		スター・ゲートから先へ
104		フォーカス49を超える世界／その ②
104		I・Tスーパー・スーパー・クラスター
107	5章	意識の歴史と生命エネルギー
108		森羅万象と意識
108		すべての存在にある意識
108		生命エネルギー ＝ 生命力、創造性、愛、知性、好奇心
110		生命エネルギーの源
110		モーエンの見出した意識の歴史
112		はるか昔
112		無条件の愛
116		わたしたちは光の球の子孫
117	6章	人間卒業とスーパーラブ
118		人間体験は卒業するためにある
118		輪廻からの卒業
120	あとがき	
123	巻末資料	

INDEX-3

坂本政道序

　モンロー研究所のヘミ・シンクという音響技術を用いると人の意識を深い瞑想状態へと導くことが可能です。さらに、死者のとる意識状態を体験したり、自分の過去世記憶を呼び起こしたり、ガイドと呼ばれる高次の意識存在と交信したり、さらには、宇宙内を探索し、さまざまな生命体と交信することも、また森羅万象が生命エネルギーの躍動であり、表出であることを知ることも可能になります。また、意識の階梯を上っていくことで、自分をはるかに凌駕する大いなる自己について知ることもできます。

　この本は、わたしがモンロー研でしたこういった驚くべき体験についてイラストをまじえて著したものです。

　今回は新たに新人ジャーナリストの「みーこ」に登場してもらうことにしました。

登場人物のご紹介

みーこ

未知なる世界に大いに興味を持つ女性ジャーナリストのたまご。今回は坂本政道氏（通称マス）にインタビューして、モンロー研究所とヘミ・シンクでの体験について徹底的に聞くつもりです。でも初めての取材なので、うまくいくのか、かなり不安。

マス

アクアヴィジョン・アカデミー代表、モンロー研究所オフィシャル・スポークスマン。モンロー研究所での自らのヘミ・シンク体験を『死後体験』シリーズ、『SUPER LOVE』等に著す。元々はエンジニアをしていたという異質のバックグランドを持つ。

1章
体外離脱体験

この章では、意識とは何かということについて、
体外離脱という現象を踏まえて考えてみます。
意識とはわたしたちが思っている以上に、すごい存在なのです。

この章の要点

1　死後は無ではない
2　肉体とは独立に存在する自分
3　自分とは意識
4　意識は時空を超える
5　意識を本来の姿に戻すヘミ・シンク

人は死んだらどうなるの？

みーこ： 先生は、死後の世界を見てきたそうですが、**そもそもどうして死後の世界に興味を持ったんですか？**

マ ス： マスさんでいいですよ。そうですね、子供のころから、自分は死んだらどうなるのか、とても興味があったんです。**なぜかと言うと、死がとても怖かったから。**死んだらどうなるのか考えていて、**ときどき、真っ暗な中に落っこちていくんですが、それがとてつもない恐怖なんです。**

みーこ： でも、**人は死んだら無になるんじゃないですか？** 無になるから、何も感じられないので、苦しみも悲しみもない。**そう考えたら、死ぬことも怖くない**と思えますが。

マ ス： でも、よくよく考えるとわかるんですが、**人が死んだら無になるのか、ならないのか、**ということに関係なく、死ぬことは怖いんですね。死の恐怖って、そういう議論じゃないんです。**直感というか、議論の余地なく、条件反射的に、ともかく怖い。**無になるから怖いんじゃないんです。地獄に堕ちるから怖いんじゃないんです。

みーこ： 確かに言われてみると、そうですね。自分が死ぬと思っただけで、ぞっとします。

死後は無と言う科学者は非科学的

みーこ： でも、**世の中には死んだら無になると思っている人は大勢います。**それが科学的な考え方だとさえ思っています。

マ ス： 死んだら無になると考える理由は、人間の精神活動は脳内の物理化学現象ですべて説明つくと考えるからです。自分が死ねば、肉体はなくなりま

Chapter 1

人は条件反射的に死を恐れます。地獄に堕ちるからとか、
何も無くなってしまうから怖いわけではありません。

第1章 体外離脱体験

人は死んだらどうなるの？

すから、脳もなくなり、精神も意識も消える、だから自分も消えてなくなる、と考えるわけです。

みーこ： 脳の活動が、自分を生み出すと考えるから、脳がなくなれば、自分もなくなると。

マ ス： そうです。でも、よく考えてください。人間の精神活動がすべて脳内現象で説明できたわけではないのです。というより、ほとんど説明できていないと言ったほうがいい。精神活動がすべて脳内現象で説明つくなら、死んだら無という考えも合理的ですが、その前提である**「精神活動がすべて脳内現象で説明つく」ということは、まだまったく証明されていないんです。**

みーこ： じゃ、死んだら無になるというのは、科学的に根拠があるわけではなかったのですか。

マ ス： 根拠はありません。科学者で「精神活動はすべて脳内現象で説明がつく」のだから、死んだら無だと主張する人がいますが、それは信仰であって、科学ではないのです。その根拠とすることがまだ証明されていないわけですから。

脳内現象では説明しきれない体外離脱体験

マ ス： さらに、もっと直接的に脳内現象説を否定する現象があります。

みーこ： どんな現象ですか？

マ ス： 精神活動が脳内現象だとすると、うまく説明しきれない現象で、**それは体外離脱と呼ばれる現象です。**

みーこ： それなら私も知ってる。自分が肉体から抜け出て、外から自分の姿を見る体験でしょ。

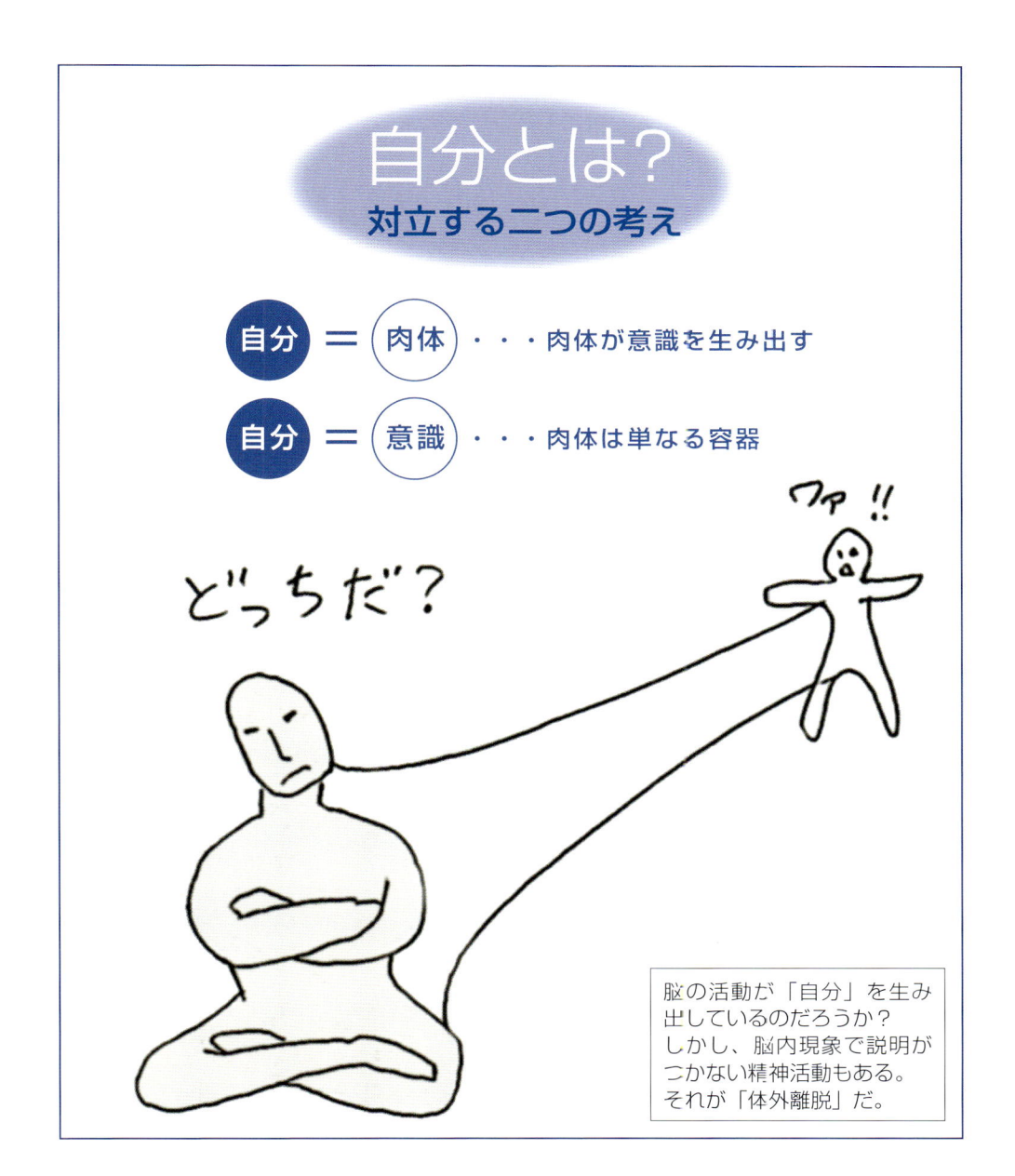

Chapter 1

自分とは？
対立する二つの考え

- 自分 ＝ 肉体 ・・・肉体が意識を生み出す
- 自分 ＝ 意識 ・・・肉体は単なる容器

どっちだ？

ワア!!

脳の活動が「自分」を生み出しているのだろうか？しかし、脳内現象で説明がつかない精神活動もある。それが「体外離脱」だ。

人は死んだらどうなるの？

マ　ス：そうです。ときには、肉体から何十メートルも、何百メートルも離れた場所の様子を見てきたりします。しかも見たことが実際と一致するのです。これはどうがんばっても脳内現象説では説明しきれません。

みーこ：マスさんも体験されたと聞きましたが。

マ　ス：はい。1990年ごろ2年間ぐらいの間に何度も体験しました。その辺のことは『体外離脱体験』という本に詳しく書きました。

みーこ：さっそく読んでみます。一言で言うとどういう体験ですか？

マ　ス：自分が、肉体から独立に存在することを明らかに知る体験です。

みーこ：？？？

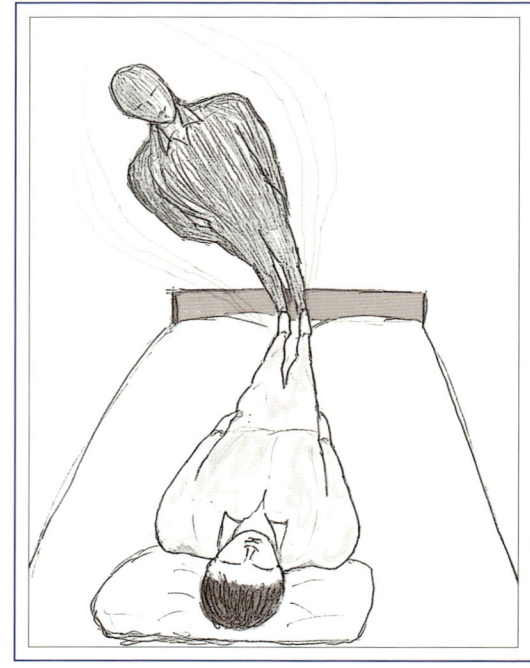

わたしが体験した体外離脱体験のひとつの例。「私」は肉体と足の部分でかろうじてつながっている。

Chapter 1

肉体とは独立に存在する『自分』

マ　ス： 体外離脱体験をして一番驚いたのは、今までの人生でずっと自分だ、自分だと思ってきたこの自分が、肉体の中でごろっと回転した瞬間でした。自分って肉体とは独立に存在するんです。

みーこ： 肉体の中で回転したのですか？

マ　ス： はい。体は仰向けに寝ているのですが、自分はうつぶせなんです。それがはっきりとわかるんです。つまり**肉体は単なる容器のようなものです。**

みーこ： 幻覚とか夢ではないのですか？

マ　ス： 意識ははっきりしていて明らかで、目が覚めているときと同じだと思えました。**夢とは明らかに違う体験です。**

みーこ： どういうときに体外離脱するのですか？

マ　ス： 体だけ眠っていて、意識のほうが目覚めている状態で起こります。たとえば、寝入りばなに、体だけ先にどんどん眠りに落ちてしまうのに、意識のほうはまだはっきりしているようなときです。

みーこ： 金縛りみたい。

マ　ス： そうです。ほとんど同じです。金縛りの場合は恐怖心からガチガチになりますが、体脱ではリラックスしていて、全身が溶けるような感じがします。気の持ちようの違いです。

自分とは『意識』

みーこ： 肉体から独立に存在する自分って、一体何なんですか？

マ　ス： いい質問ですね。考えごとをしたり、泣いたり、笑ったり、怒ったり、

人は死んだらどうなるの？

電車に乗ったり、しゃべったりしている自分です。

みーこ： それじゃ、肉体と同じゃないですか。

マ　ス： そうです。普通は肉体と一致しています。でも、違うんです。肉体ではないんです。

みーこ： それじゃ、何なんですか？

マ　ス： 霊とか、魂と呼ばれるものだと思います。**肉体とは別に存在する自分自身です。でも、私はそれを『意識』と呼ぶことにしています。**霊や魂だと、今までのいろいろな固定観念が付いてしまいますので。

みーこ： 霊と聞くと何だか怖い感じがどうしてもするので、『意識』のほうがいいかもしれない。

マ　ス： そうでしょう。ただ、逆に『意識』というとあまりに漠然としていて、つかみ所のないものと思われてしまう危険性もあります。そういうわけで、『肉体ではない自分』とか、単に『自分』と呼んでもいいかもしれません。ともかく**重要な点は、肉体ではない自分があり、そっちのほうが主体なのだという点です。**

『意識』は物質ではない

マ　ス： 肉体から抜け出た『自分』は、つまり、『意識』は、壁を抜けたり、遠い場所へ、たとえば別の銀河まで一瞬のうちに行ったりします。時には時間の枠を超えて移動することもあります。このことから、それは物質ではない、何か未知の存在だと言えます。

みーこ： 未知の存在？

マ　ス： そうです。今までの科学では知られていなかった存在です。なぜなら、

Chapter 1

物質なら、遠い場所へ一瞬では移動できません。それはどんな物も光の速度よりも速く移動できないという物理の原理に反するからです。

みーこ： 物質ではないということは、何ですか？

マ　ス： それは、物質ではないという意味で、『非物質』と呼ばれています。今の科学で知られている物質や物質的なエネルギーではありません。

みーこ： ヒブッシツ？

マ　ス： 非物質です。**世の中に非物質はたくさんありますよ。**

みーこ： そうなんですか？　知らなかった。

マ　ス： たとえば、**愛情とか憎しみとか悲しみ、喜びなど、人間の持つ感情で****す。**これは物質じゃないですよね。それに、1万円札の持つ価値だってそうです。物質的には単なる紙切れですが、1万円札には物質ではない価値があります。

『意識』は時間と空間に束縛されない

マ　ス： 『意識』は物質ではない、非物質だと言いました。物質は空間と時間に縛られます。たとえば、あなたの肉体が今いる場所から、100メートル離れた場所へ行くには、その間にある空間を横切って行かなければなりません。そういうのを空間に束縛されていると言います。

みーこ： どんなに近道しようとも、空間の中を移動するということですね。途中のどこかを飛ばせないわけです。

マ　ス： そうです。それに、時間にも束縛されています。過去や遠い未来に行くことはできませんし、時間が経過するのを自分だけ速くすることも、遅くすることもできません。

人は死んだらどうなるの？

みーこ： 時間の束縛って、空間以上に厳しいんですね。

マ ス： そうです。あのころに帰りたいなんて思っても、それはできないのです。少なくとも肉体では。

みーこ： と言うことは、**肉体でなければ、あのころに帰ることもできるということ**ですか。

マ ス： そうです。**『意識』にはそれが可能です。『意識』は非物質ですから、本来は、空間や時間に束縛されないのです。**

みーこ： でも、私は意識だけで遠くのほうに行ったり、過去へ舞い戻ったりした経験はないと思います。

マ ス： それは、あなたがそういうことはできないと思っているからです。そういう先入観があなたを縛っているのです。

Chapter 1

我々の銀河系の近くにあるアンドロメダ銀河までは約230万光年。光の速さでも230万年かかる距離です。まだ地球上に人類が誕生していないころにアンドロメダから放出された光が、いまようやく地球に届いているのです。でも、意識はその230万年の時間と空間を超えて、一瞬で移動できます。

第1章 体外離脱体験

人は死んだらどうなるの？

『意識』のスペクトル

マ　ス：　ここでちょっと難しい話をします。ラジオって聴いたことありますよね。

みーこ：　そりゃ、ありますよ。でも突然どうしたんですか？

マ　ス：　『意識』と関係するんです。ラジオを聴くとき、いろいろな局の中から、ダイヤルを回して好きな局を選びますよね。

みーこ：　はい。

マ　ス：　あれは実は局ごとに周波数が決まっているのです。ダイヤルを回すことで、ラジオが受信する周波数を、ちょうど好きな局の周波数に合わせているのです。

みーこ：　ダイヤルを回すのは、ラジオの受信する周波数を変えているのですね。

マ　ス：　そうです。だから、ダイヤルを回していくと、ある局が聞こえ、しばらくすると、今度は別の局が聞こえてきます。

みーこ：　それで、『意識』とどういう関係があるんですか？

マ　ス：　いよいよ本題ですが、『意識』もこれと同じだって言いたいんです。

みーこ：　どこがですか？

マ　ス：　『意識』にもいろいろな周波数があって、たまたま、この3次元物質界の周波数に合っているから、この世界のことを体験しているのです。

みーこ：　この物質界はラジオのひとつの局みたいなものだと言うことですか？

マ　ス：　そうです。この物質界以外にもいろいろな局があり、そこに『意識』のダイヤルを合わせれば、その局のことが、つまり、その世界のことが体験できるのです。

Chapter 1

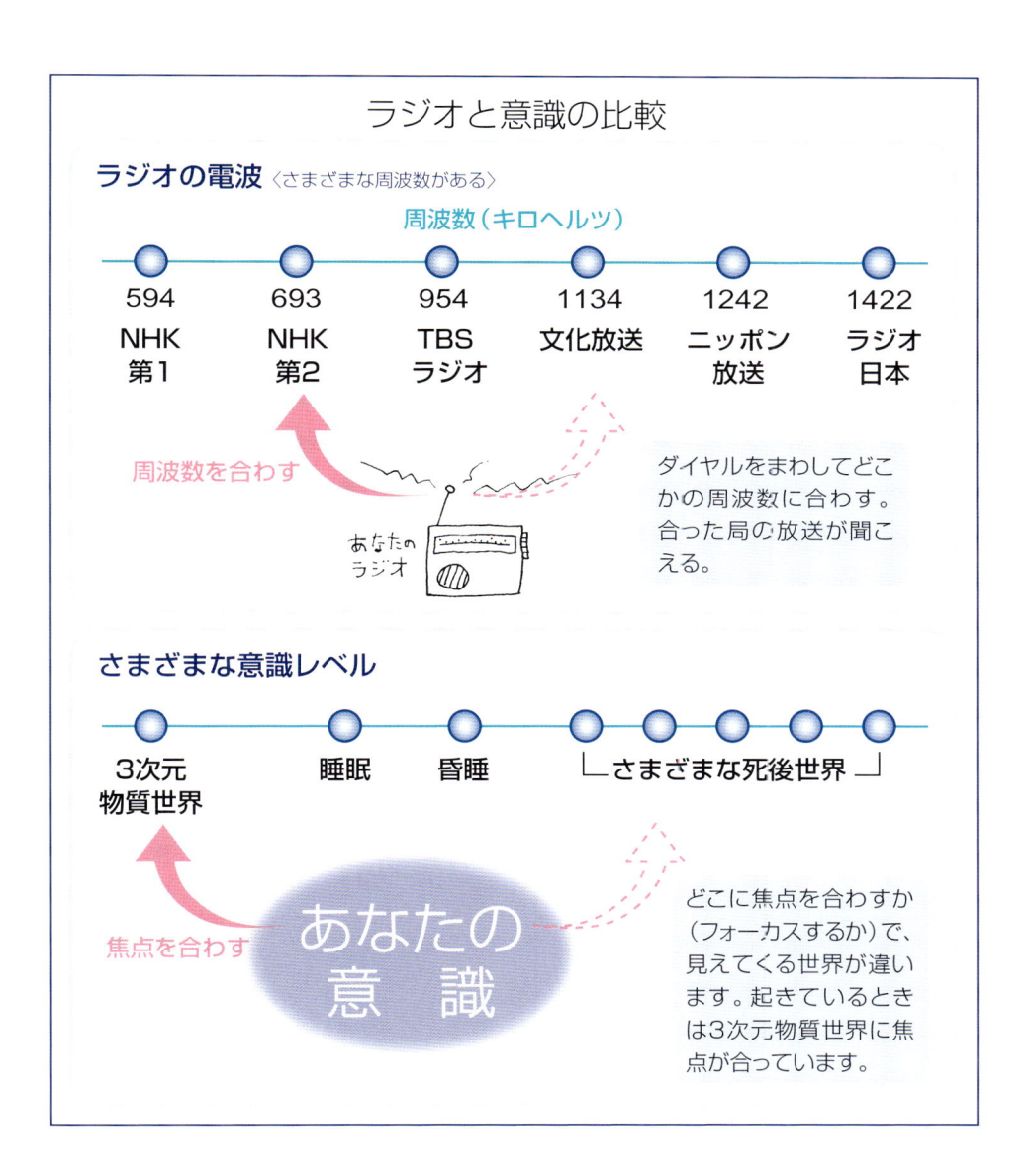

ラジオと意識の比較

ラジオの電波〈さまざまな周波数がある〉

周波数（キロヘルツ）

594	693	954	1134	1242	1422
NHK 第1	NHK 第2	TBS ラジオ	文化放送	ニッポン 放送	ラジオ 日本

周波数を合わす

あなたのラジオ

ダイヤルをまわしてどこかの周波数に合わす。合った局の放送が聞こえる。

さまざまな意識レベル

3次元物質世界　睡眠　昏睡　└ さまざまな死後世界 ┘

あなたの意識

焦点を合わす

どこに焦点を合わすか（フォーカスするか）で、見えてくる世界が違います。起きているときは3次元物質世界に焦点が合っています。

人は死んだらどうなるの？

体外離脱体験

マ　ス：　人間というのは、非物質である『意識』が、物質である肉体の中に宿っているという状態です。

みーこ：　何だかとても不安になってきたわ。知らないうちにどこかへずるずると抜け出していったりしないかしら？

マ　ス：　強い偏見を持っていますから、大丈夫ですよ。

みーこ：　強い偏見ですか？

マ　ス：　そうです。**わたしたちは自分とは肉体だと強く信じていますから**、つまり、強い偏見を持っていますから、**肉体と『意識』は常に一致しているのです**。だからこそ、体外離脱体験なんて滅多に起こらないのです。

みーこ：　よかった。ちょっと安心しました。

マ　ス：　そういう偏見が薄れると、あるいは、夜寝るときなど、『意識』が肉体の束縛から逃れ、本来の姿を取り始めます。そのとき、『意識』は肉体から出て、自由になるのです。

みーこ：　ということは、毎晩寝るときに、体外離脱しているということですか？

マ　ス：　そうです。でも、ほとんどの人がそれを覚えていません。抜け出ているときにそれに気付き、その記憶を持ったまま目覚めるのが、体外離脱体験だと言えます。

みーこ：　じゃ、**体外離脱体験をするコツは、通常の目覚めているときのような明らかな自覚を持ったまま、眠る**ということですか。

マ　ス：　そうです。そうすることで、『自分』が、自分の『意識』が何をしているのかはっきりと把握でき、記憶に留めておくことができるのです。

Chapter 1

**強い偏見（自分とは肉体だ、という思い込み）があるので、通常はなかなか体外離脱は起こりません。
しかし、偏見が弱まると、体外離脱が起きやすくなります。**

強い偏見の状態
意識の広がりを肉体が阻止しています。

偏見が弱まった状態
意識が徐々に肉体の束縛を脱して、外に広がっていきます。

偏見がかなり弱まった状態
意識はほとんど自由に肉体から脱することが可能です。

ヘミ・シンク

みーこ： 目覚めているときの自覚を持ったまま、眠るなんてことはできるのですか？

マス： できます。**意識ははっきりと目覚めたままで、肉体だけが眠るのです。**特にそれを可能にする技術が開発されています。アメリカのロバート・モンローという人が開発したヘミ・シンクという音響技術です。モンローは元々ラジオ番組制作会社を経営するビジネスマンだったのですが、42歳のときに体外離脱体験をして以来、その研究に没頭するようになりました。その後、音響技術を駆使することで、ヘミ・シンクを発明しました。

みーこ： どんな方法なのですか？

マス： ヘッドフォンを使って左右の耳に周波数の若干異なる音を流すというものです。

みーこ： それだけでいいのですか？

マス： はい。**そうすると左右の周波数の差に相当する脳波が発生します。**だから周波数をコントロールすることで、**脳波を自在にコントロールすることができます。**その結果、心身状態もコントロールできることがわかっています。

みーこ： 脳波って、リラックスするとアルファ波が出るとか、言うあれですか？

マス： そうです。目覚めているときにはベータ波、熟睡状態ではデルタ波になります。ヘミ・シンクは聞かせる音の周波数を適切に選ぶことで、脳波をアルファ波にしたり、シータ波にしたり、できるのです。

みーこ： すると、体のほうも脳波に相当する状態になるのですか。

マス： そうです。そこがポイントなのです。覚醒させたり、熟睡させたりでき

Chapter 1

るのです。あるいは、覚醒させる周波数と熟睡させる周波数をうまく組み合わせると、**肉体は熟睡しながら、意識だけ目覚めている**という状態も作り出せるのです。

フォーカス・レベル

マ　ス： ヘミ・シンクは、肉体を完全に眠らせて、『意識』を本来の非物質の姿に戻すのですが、その際、起こっていることをちゃんと自分で把握できるように、意識が明らかに目覚めた状態に留めておくのです。意識が眠ってしまっては、単なる睡眠と同じですから。

みーこ： 目覚めているというはっきりした自覚を持ったまま、肉体だけ眠るのですか？

マ　ス： そうです。それをヘミ・シンクは可能にするのです。こういう状態になると、『意識』は本来の姿に徐々に戻っていきます。

みーこ： 本来の姿というと非物質の姿ですね。

マ　ス： そうです。ただ、すぐに戻るのではなく、徐々にです。どれくらい戻ったかを表す指標がフォーカス・レベルと呼ばれる番号です。

みーこ： フォーカス・レベル？

マ　ス： はい。モンローが考え出したものですが、10とか12とかの番号です。数字が大きいほど、『意識』が物質的な世界から離れていきます。『意識』がそれだけ非物質的な本性を現し始めるのです。前にラジオの話をしましたが、ラジオ局の周波数に相当するのが、フォーカス・レベルと考えていいでしょう。

第1章　体外離脱体験　23

人は死んだらどうなるの？

フォーカス・レベルとは
意識が本来の非物質のほうに戻った度合いを示す番号

肉体（空間的枠組み）

意識

フォーカス1
（覚醒）

空間的枠組み

意識

フォーカス10、12

時間的枠組み

意識

フォーカス15

4次元時空空間の枠組み
（3次元物質界＋時間）

意識

フォーカス21
意識が4次元時空世界を
超えて広がる

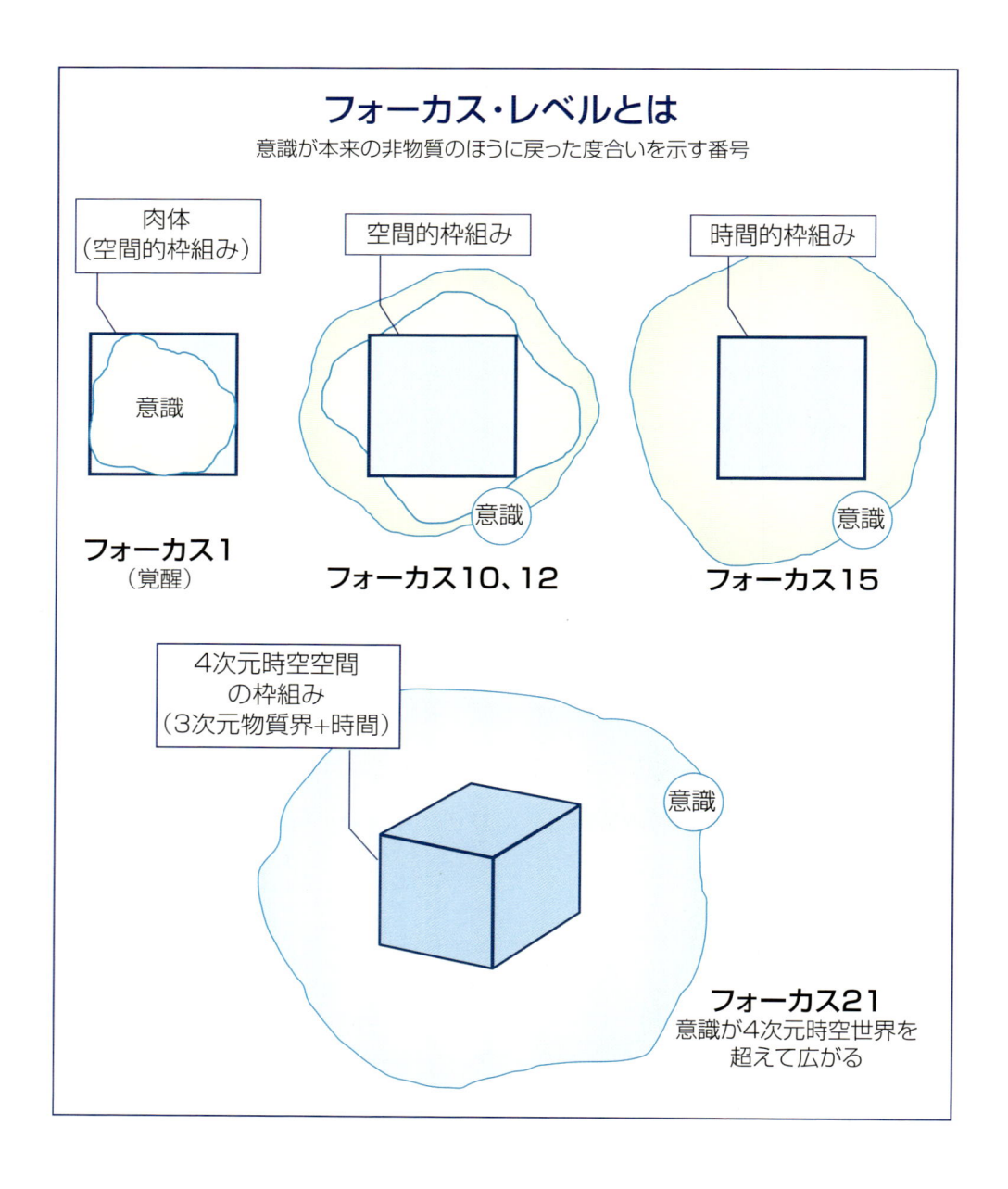

Chapter 1

> ## フォーカス10

みーこ： ラジオで言えば、ある局がこの物質界だと言いましたよね。

マ　ス： はい。**『意識』は普段この物質界という局に集中しています。**フォーカス（集中）しているわけです。**フォーカス・レベルでは1です。**『意識』が本来の姿を取り始めると、1から徐々にずれていきます。

みーこ： 物質界にフォーカスしていた『意識』が別の状態にフォーカスをずらしていくということですか？

マ　ス： そうです。だからフォーカス・レベルという言葉を使います。

みーこ： どの状態にフォーカスしているか、集中しているかということですか？

マ　ス： はい。**物質界からずれていくと、最初にフォーカス10という状態に至ります。**フォーカス10は、「意識は明らかで、肉体は眠っている状態」と定義され、『意識』が非物質的な姿を現し始める最初の段階です。肉体の束縛から自由になり始めます。

みーこ： そうなると体外離脱が起こるのですか？

マ　ス： はい。体外離脱が起こることもありますが、必ず起こるということでもありません。むしろ、『意識』が非物質的な性質を持ち出したために、**五感を超えた知覚が芽生え始めます。**

みーこ： 五感を超えた知覚ですか？

マ　ス： はい。視覚、聴覚、嗅覚、味覚、触覚の五感は、物質的な世界を把握するためのものです。『意識』が本来持つ知覚は非物質界での知覚です。『意識』が本来の姿に戻るにつれ、それが徐々に現れてくるのです。

人は死んだらどうなるの？

みーこ： いわゆるESP（超感覚的知覚）と呼ばれるものですね。それなら聞いたことがあるわ。

マ　ス： そうです。フォーカス10ではそれが少し出始めます。フォーカス12と呼ばれる、次の状態で、それが本格的に現れてきます。

フォーカス12　　　　　Focus 12

みーこ： フォーカス12はどういう状態ですか？

マ　ス： 『意識』が空間的な束縛から完全に自由になり、広がっていくと同時に、先程お話した五感を超える知覚が明らかになってくる状態です。

みーこ： そういう状態では何が可能になるのですか？

マ　ス： たとえば、目の前にスクリーンが広がったようになって、そこにいろいろな風景が映し出されたり、直感が鋭くなったり、ガイドと呼ばれる生命存在からメッセージをもらったり、交信したり、願望実現のために自分の将来をセッティングしたり、自分の体の具合の悪いところに生命エネルギーを流し込んで癒したりできます。

Chapter 1

フォーカス15

マ　ス：　その次はフォーカス15という状態で、**そこでは空間だけでなく、時間的な束縛からも自由になります。**

みーこ：　ということは、過去や未来へ行けるということですか？

マ　ス：　そうです。**予言や予知が可能になります。**ただ、未来は不確定ですから、今の段階で一番可能性の高い未来を見ます。今後、自分が何をしていくか、世の中の人が何を選択していくかで、未来は変わります。予言が必ずしも当たらないのはそのためもあります。

みーこ：　すべてが決まっているのではなく、自分の自由意志があるということですね。

マ　ス：　そうです。今何をするか、しないか、何を選択するか、しないかで、未来は大きく変わります。常に努力を怠ってはならないのは、そのためです。

みーこ：　フォーカス15では他にどんなことができますか？

マ　ス：　**創造エネルギーの源にアクセスすることで、創造性を発揮したり、自分の思いを具現化することが可能性としてあります。**自分は将来こうなりたいという将来像をフォーカス15で設定できます。ただ、実際そのとおりになるかどうかは、もっと大きな自分（トータルセルフ）が決めます。

みーこ：　トータルセルフですか？

マ　ス：　これについては後でお話します。

人は死んだらどうなるの？

フォーカス21　　　　　　　　　　　　　　　*Focus 21*

マ　ス：　その上の状態はフォーカス21です。ここは別のエネルギー系への架け橋と呼ばれます。ここは3次元物質世界の縁と言われ、一歩先へ行くと向こうの世界、死後の世界へ入ります。

みーこ：　日本人的に言えば、三途の川にかかる橋ですか？

マ　ス：　川があるかどうかは別として、こちら側と向こう側の間にある境界です。

みーこ：　へー、実際にそういうところがあったんですね。ここまで行って帰ってきた人の話をよく聞きますよね。

マ　ス：　はい。臨死体験者の中には、何かの境界まで行って、帰ってきたという体験をした人がけっこういます。それを日本人は川と解釈するようです。

みーこ：　ここではどんなことが可能なのですか？

マ　ス：　向こうの世界の人たちと会います。向こうの世界の人たちとは、この世を去って向こう側へ行った人たちと、その他の知的生命存在たちのことです。

みーこ：　死んだおばあさんに会えるのですか？

マ　ス：　必ずしもそうではありません。死んだ人が置かれている状況によっては、そういうことが難しい場合もあります。

みーこ：　なーんだ、残念。会えないこともあるんですか。ところで、その他の知的存在とは何ですか？

マ　ス：　実はこの非物質界にはさまざまな知的存在たちがいます。その中で自分のガイドなど自分のことを見守り、手助けしてくれる存在たちがいます。フォーカス21ではそういう存在たちと会い、親交を深めます。

Chapter 1

フォーカスレベルのご案内

フォーカス 10
- 意識は明らかで、肉体は眠る
- 意識が肉体の束縛から自由になり始める
- 五感を超える知覚（ESP）

フォーカス 12
- 意識が空間の束縛から完全に自由
- ESPが働く
- ガイドとの交信
- 願望実現のために自分の将来設定

フォーカス 15
- 意識が時間の束縛から自由（過去、未来へ行く）
- 創造性発揮
- 想いを具現化、自分の将来設定

フォーカス 21
- 他のエネルギー系（向こうの世界）との架け橋
- 向こうの世界の存在と会う場

人は死んだらどうなるの？

おまけ

みーこ： 最後に素朴な疑問ですが、フォーカス・レベルってどうして飛び飛びなんですか？間の番号はないのですか？

マ ス： いやー、いい質問ですね。答えに詰まってしまいそうです。実はモンローが最初にフォーカス10という番号を考え出したときは、番号に特に深い意味はなかったということです。フォーカスAでも良かったということですが、10と呼ぶようになると、それ以外の状態をフォーカス10を基準にして、順次導入していく必要が出てきました。10よりは物質界から離れているが、すぐ隣でもないという感じから、おそらく12、さらに15という番号が付けられたのだと想像されます。ただ21にはちゃんとした意味があります。これについては拙著『死後体験Ⅱ』の「ミラノンの意識の階梯」というところで説明しましたので、そちらを読んでください。

ヘミ・シンクと体外離脱体験

マ　ス：　ここから先のさらに上のフォーカス・レベルに行く前に、一言、ヘミ・シンクを聞いてする体験と、典型的な体外離脱体験との違いについて、お話します。

みーこ：　えっ、違うのですか？

マ　ス：　実はそうなんです。典型的な体外離脱体験とは、『自分』が肉体から抜け出て、他の場所へ行く体験です。一度肉体から抜け出ると、肉体のことはほとんど感じられません。自分の主体は抜け出たほうにあります。だからこそ、肉体とは独立に存在する自分を体験するわけです。

みーこ：　これが普通に言う体外離脱体験ですよね。

マ　ス：　そうです。ところが、ヘミ・シンクを聞いて体験することは、不思議なのです。自分が他の場所に行くのですが、まだ自分の肉体のことや、肉体のまわりのことが把握できるのです。

みーこ：　それってどういうことですか？

マ　ス：　どっちかと言うと、**自分がふたつに分かれたような感じで、一つの自分は他の場所へ行き、そこでさまざまな体験をするのですが、もう一方の自分はまだしっかりと肉体内に留まっているのです**。だから、体験中に、肉体の手を動かしたり、人によっては体験内容を体験中にテープに録音したりできます。

みーこ：　信じられない！

マ　ス：　本当です。肉体から出たほうの自分のしている体験にのめり込むと典型的な体脱になり、のめり込み方がそこそこだと、両方にいる感覚になります。のめり込み方が少ないと、映画を見ているような感じになります。のめり込み方が希薄だと、そっちの体験を認識しません。

みーこ：　体脱って単純じゃないんですね！

人は死んだらどうなるの？

マ　ス：　実はもっと複雑なんですが、それについては別の機会に譲ります。

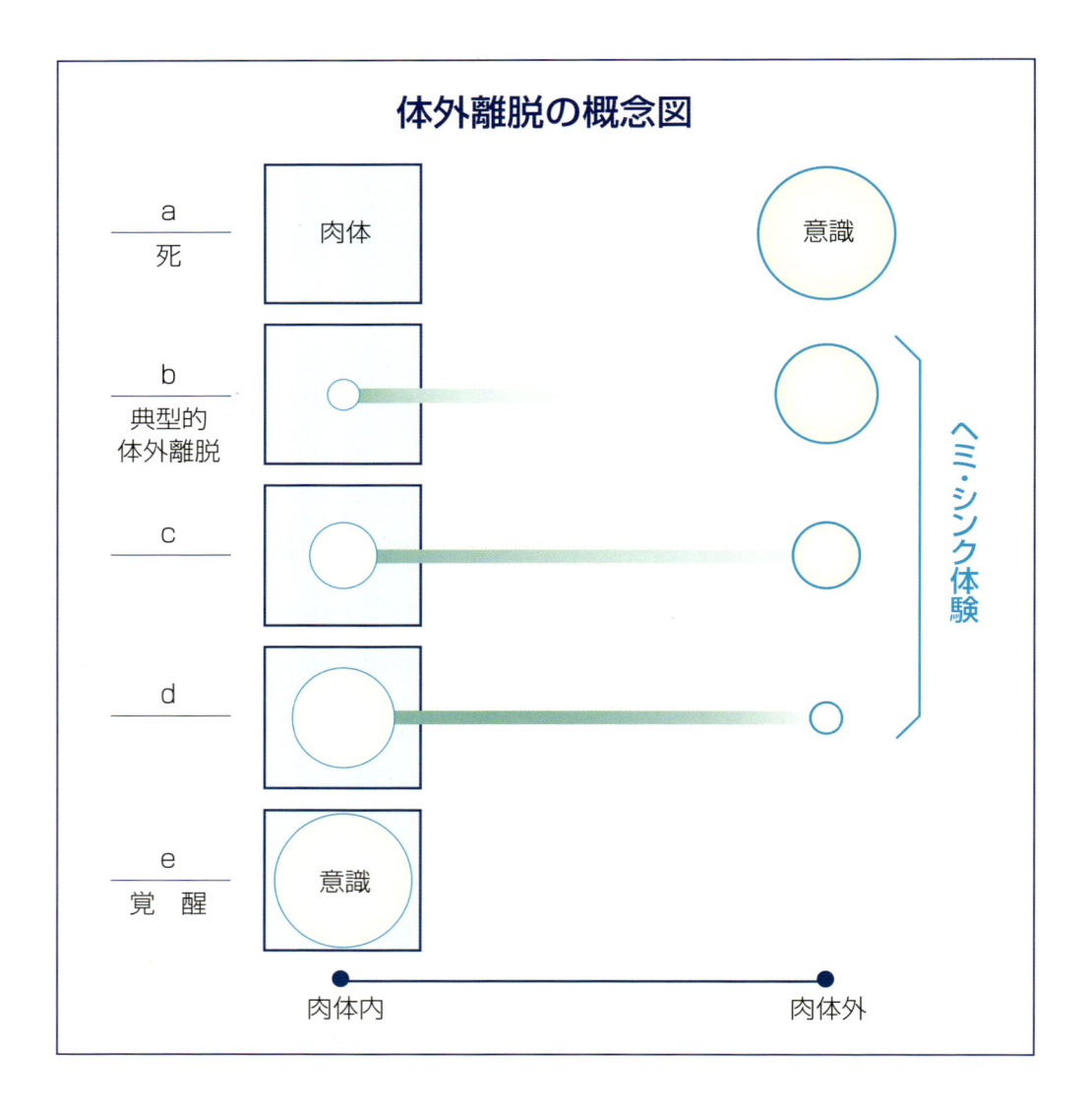

体外離脱の概念図

	肉体	意識
a / 死	肉体	意識
b / 典型的体外離脱		
c		
d		
e / 覚醒	意識	

ヘミ・シンク体験

肉体内 ——— 肉体外

2章
死後世界の構造

この章では、死後世界（フォーカス23から27）について、
その詳細をご紹介します。
死後世界はさまざまな世界に分かれますが、
それぞれの特徴や実際の様子などを描写します。

この章の要点

1. 死後世界はフォーカス・レベルで23から27に相当
2. 23～26はさらにいくつもの世界に細分化されている
3. 死者の信仰、価値観、欲、怒り、恨み、憎しみなどに応じて、相応のレベル、世界へ吸い寄せられる
4. フォーカス23は、幽霊の世界と孤地獄に分かれる
5. フォーカス24～26は信念体系領域と呼ばれ、さまざまな宗教観、価値観、欲などに応じた世界がある
6. フォーカス27は、次の生へ輪廻するための準備の場である

Chapter 2

フォーカス23以降の世界

マ　ス：　フォーカス23から27までの意識レベルは死者のとる意識状態になります。そこには、死後の世界が展開しています。

みーこ：　いよいよ死後の世界ですね。わくわくします。

マ　ス：　フォーカス・レベルは、意識の状態を示す番号であると同時に、そこの意識状態にいるさまざまな生命存在たちが作り出した世界のことも指しています。

みーこ：　作り出すって、どういうふうに作るのですか？

マ　ス：　**非物質界では、自分の心で思い描くことがそのまま形になるのです。**たとえば、りんごのことを考えるとりんごが現れます。

みーこ：　へー、便利ですね。

マ　ス：　そうでもないですよ。想像したことがそのまま創造されますので、自分の想いの生み出したものなのに、それがわからずそれに翻弄されることもあります。そのため自分の想いの中に囚われやすくなります。

みーこ：　悪夢の中みたい。

マ　ス：　正にそのとおりです。それから、ここにはもう一つ原理があります。それは『類は友を呼ぶ』原理です。略して類友（るいとも）原理です。

みーこ：　どういう原理ですか？

マ　ス：　同じような考え、信仰、価値観、信念の人たちが互いに引き合って集まってくるのです。まー、これはこの世でもそうですよね。

Chapter 2

死後世界の2大原理

1
想いが形になる

2
類は友を呼ぶ

××教団

どろどろ

第2章　死後世界の構造

フォーカス23／囚われの世界

マ　ス： それでは順に説明しましょう。まずフォーカス23です。この意識状態にいる人たちは、**大きく二つのタイプに分かれます。ひとつは、自分が死んだことに気付かず、死んだときのそのままの状態に囚われている人たち**です。

みーこ： 自分が死んだことに気がつかないのですか？

マ　ス： そうです。死が突然だったりするとそうなります。たとえば、船が転覆し、海の上で助けが来るのを待つうちに死んだのに、そのことがわからず、いつまでも、海の上で丸太にしがみついて、助けが来るのを待つ人です。あるいは、病院のベッドの上でいつまでも苦しんでいる人です。岩場に挟まったままいつまでもそこにい続ける人もいます。

みーこ： 何だか、かわいそうですね。でもどうして変化がわからないのですか？

マ　ス： 一つの考えに囚われて、それ以外考えられないのです。こういう人たちに近いタイプに、死んだことはわかっているが、この世の特定の人やものに対する未練や執着から、そのそばにいつまでもい続ける人たちがいます。

みーこ： 世に言う自縛霊とか地縛霊ですか？

マ　ス： はい。**幽霊は基本的にこのタイプです。二つ目のタイプは、自分の想いの生み出す世界にどっぷりと浸かり、その中に囚われている人**です。自分の夢の中にい続けるのです。永遠に続く夢ですが。仏教で言う「孤地獄」と似ています。

次に具体的な例をいくつかお話したいとおもいます。

Chapter 2

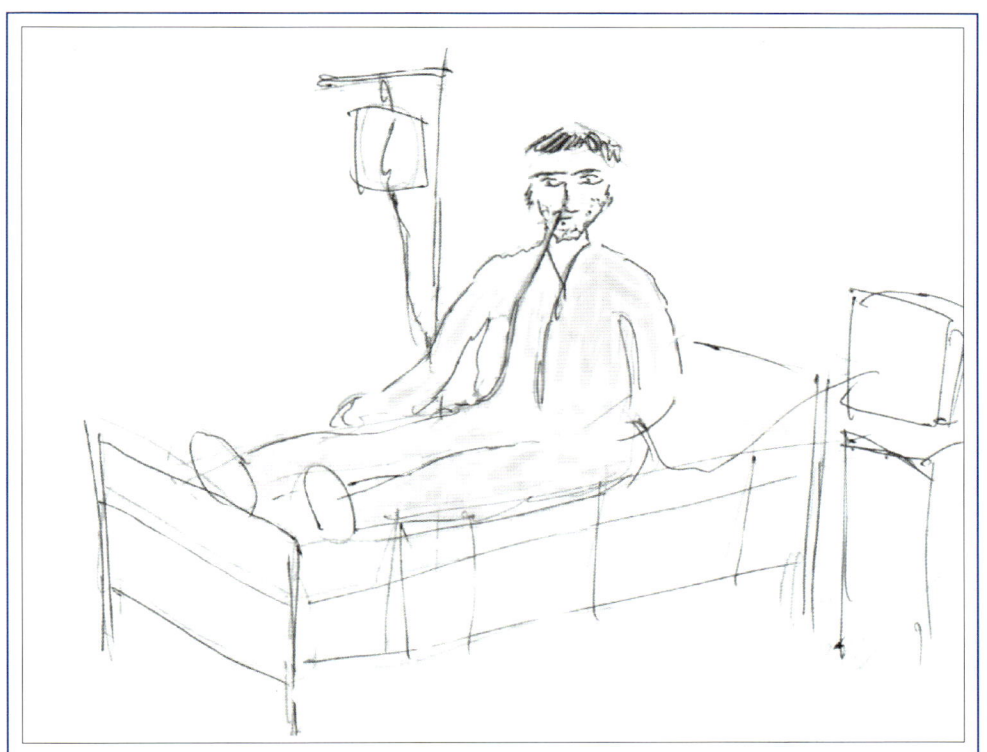

自分が死んだことがわからずに、いつまでも病院のベッドの上にいる男。
この男の場合、本当の病院内に、自分の想像でベッドや点滴、イレウス
管などを生み出して、そこにい続けているように見えます。

第2章　死後世界の構造

フォーカス23の世界／体験 ①

幽霊の世界／部屋に閉じ込められて出られない女性

マ　ス：　右のイラストは、わたしがフォーカス23で見たある女性の姿です。大正時代に建てられたような印象の洋館に導かれ中へ入ると、和洋折衷の部屋に女性がいました。黄色いエネルギーの流れのような姿でそこにいます。

　瞬間的に和服姿になったり、洋服になったりして、顔が一瞬見えました。30歳ぐらいの美しい人です。なぜか、この部屋から出られないようなのです。閉じ込められてしまったまま、何年もここにいたようです。

みーこ：　どうしてこの部屋から出られないのでしょうか？

マ　ス：　フォーカス23で一般的なのですが、自分の狭い考えや恐れの中にどっぷり浸かって、その中でどうどう巡りをしているんです。この女性もそうでした。視野が狭く、ここから出られないという思いの中で、混乱していたのです。

みーこ：　なんだかかわいそう。

マ　ス：　はい。でも、そういう状態の死者はけっこういます。それが目撃される場合が、幽霊です。

みーこ：　幽霊が必ず同じ場所に現れるのは、そこから出られないからですね。

マ　ス：　そうです。ひとつの小さな想いの中にいますので、視野が狭いのです。

Chapter 2

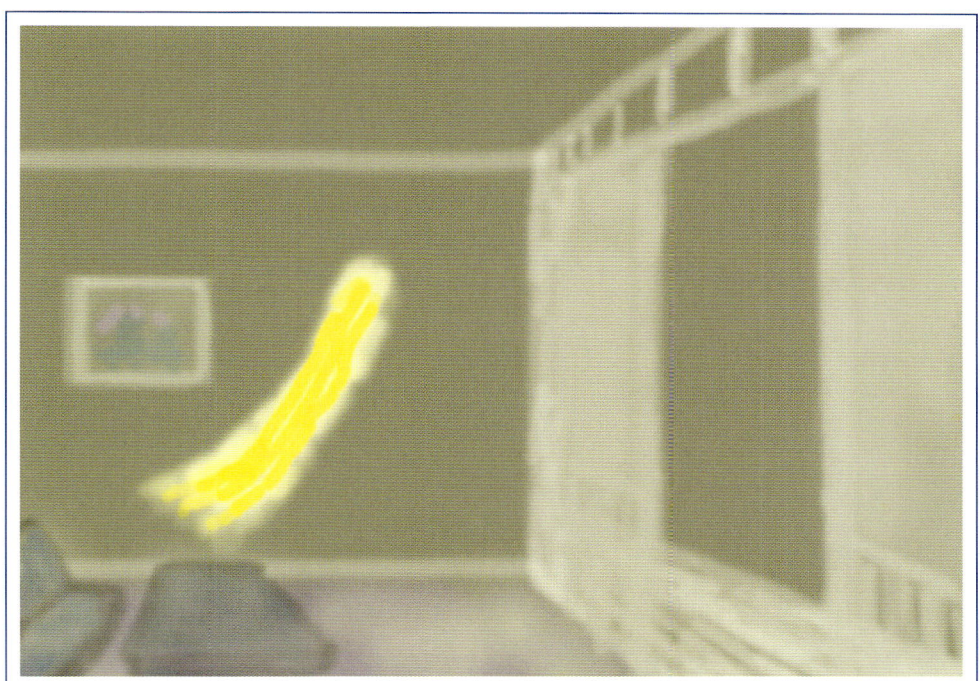

部屋から出られなくなった女性。黄色のエネルギーの流れのように見えます。彼女の想いがこの部屋を作ったというよりは、実際にある部屋から出られなくなったと思われます。

第2章　死後世界の構造

フォーカス23の世界／体験 ②

孤地獄／各自の想いが生み出す世界

マ ス： 右の暗闇に浮かぶ球状はなんだと思いますか？

みーこ： 薄い光の塊のように見えますが。

マ ス： ひとつひとつが、中に住むひとりの人の想いが生み出した世界なのです。フォーカス23でよく見かけます。白い霞みの塊のように見えます。近寄って中へ入ると、中は意外と広くて、その人の思いの及ぶ範囲ぐらいの広さがあります。

みーこ： 想いの生み出す世界ですか？

マ ス： 前に言いましたが、死後の世界では、自分の想いが形になって現れる傾向があります。そのため、想いが生み出した小さな世界の中に閉じ込められてしまうのです。

みーこ： 夢の中にいつまでもいるようなものですか？

マ ス： そうです。ただ夢と言うと聞こえがいいですが、たった一人の世界なのです。とても孤独です。この自分の想いが生み出す世界から抜け出すことはとても難しいのです。幽霊の場合と異なるのは、現実の世界とは完全に切り離されている点です。

みーこ： 幽霊の場合は、現実にある建物の中に閉じ込められていて出られないのですね。

マ ス： はい。幽霊に現実世界が、その小さな範囲だけ見えるのです。物質界にかなり近いところにいます。

Chapter 2

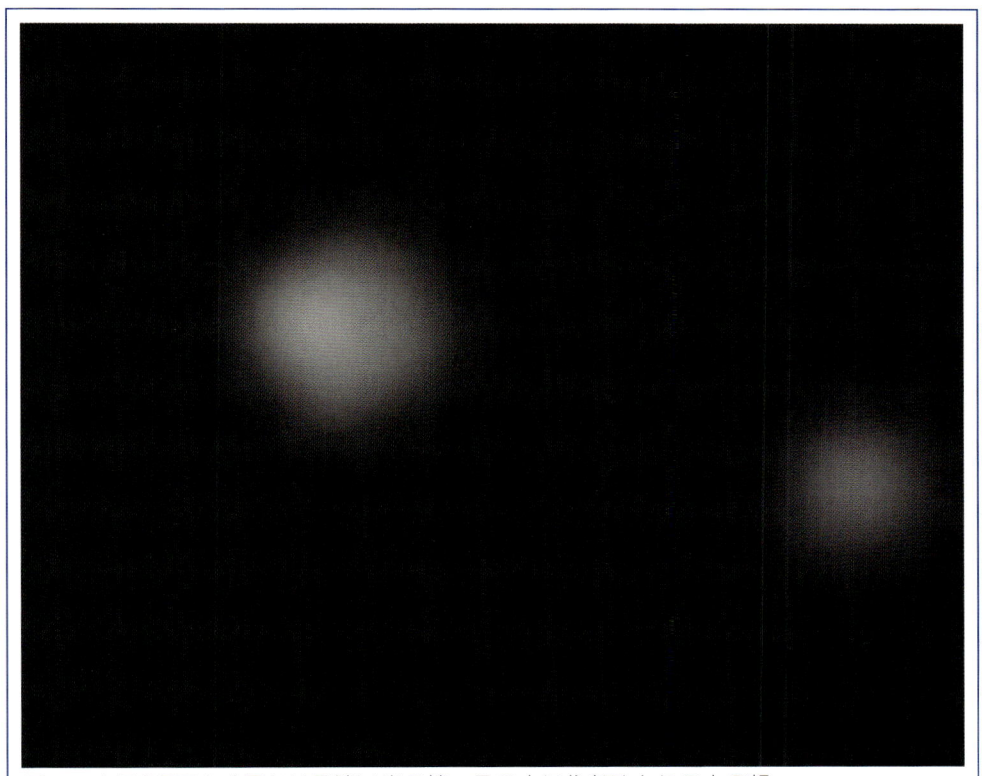

フォーカス23でよく見かける淡い光の塊。その中に住むひとりの人の想いが生み出した世界です。外から、中の様子を見ることができます。

第2章　死後世界の構造

フォーカス23の世界／体験 ③

永遠になにかをし続ける人々

マス： ここにいる人たちに共通しているのは、何かひとつのことに固執して、それを永遠にし続けているのです。わたしが遭遇した例をいくつか紹介しましょう。まず野球をずっとやり続ける人です。あるときフォーカス23へ行くと、例によって薄い光の塊が見えてきました。その中に野球場が見えました。不思議に思って中へ入ると、そこには野球をやっている人が何人かいます。かなり古い時代のメジャーリーグのようなユニフォームを着ています。よくよく観察すると、これはその中のひとりの人の夢の中なのです。

みーこ： その人は夢だとわかっているのですか？

マス： みーこは自分が夢を見ているとき、夢を見ているとわかりますか？

みーこ： わからないですね。

マス： そうでしょう。この男性もいつまでも野球をする夢を見ていることに気がつかないのです。

みーこ： 決して覚めることのない夢、ですね。他にはどんな例がありますか？

マス： 農作業を繰り返す男とか、部屋にひとり住み冷蔵庫から食べ物を出しては食べ続ける太りすぎの女性とか、セロリを食べ続ける男、公園で遊び続ける母と子、磯にい続ける人などです。

Chapter 2

上の図。淡い光の球の中に部屋があり、中へ入ると、太った女性が冷蔵庫から食べ物を取り出して食べ続けていました。
下の図。牧場の端でただひたすら農作業を繰り返す男。

第2章　死後世界の構造

フォーカス23の世界／体験 ④

墓の下に眠る人々

マ　ス： 右下のイラストは23で見た光景です。平原に白い不定形の石が並んでいます。当初、わたしは「石化した人」が並んでいるのだと思いました。というのは、悲しみがあたりを覆っていたからです。ただ、別の機会にもう一度そこへ行くと、そうではないことがわかりました。白い石は墓石で、その下に文字通り人が眠っているのです。どうも死んだら墓の下で眠ると信じ切って亡くなった人たちのようでした。

みーこ： 本当にそういう人がいるのですか？

マ　ス： はい。死んだら墓の下で眠ると信じている人は本当にそうするのです。しょうがないので、わたしはこのなかの一つの石の前に行き、大声で叫びました。
『寝てないで目を覚ましなさい！』
他の人たちにも声をかけました。
『みな寝ていないで目を覚ましなさい！』

みーこ： それで、効果はあったのですか？

マ　ス： それが、それでも目が覚めない様子なんですね。そこでいろいろ試した後、最後にこう叫びました。
『上のほうへ行きなさい！　天国、極楽がありますよ！』
　すると、見あげると、たくさんの人が上に向かって上がっていくのです。頭と肩の部分が白く、シルエットに見えました。数十人から数百人はいたと思います。暗い空の上のほうが丸く明るくなっていて、みなそっちのほうへ向かっていました。

Chapter 2

第2章　死後世界の構造

フォーカス24〜26／信念体系領域

マ　ス： 23よりも少し上の意識レベルに行くと、まったく違った様子になります。ここでは人が集まりいくつもの集団を作っています。類友原理が威力を発揮しています。**同じような想い、信仰、価値観の人たちが集まり、彼らの共通の想いが、それぞれの世界を生み出しているのです。**

みーこ： 具体的にはどんな世界があるのですか？

マ　ス： **ありとあらゆる信念に応じて、何万という世界があります。**一番目に付くのは、宗教に基づくものです。ある宗教の特定の宗派の人たちが集まって生み出したものです。その人たちの思い描いた天国がそこにそのまま現出しているのです。

みーこ： 本当の天国なのですか？

マ　ス： もちろん違います。彼らの想いが生み出したものです。立派な寺院がいくつもあり、中は金ぴかで、多くの人が宗教儀式に明け暮れています。

みーこ： 他にはどんな世界があるのですか？

マ　ス： 戦いに明け暮れているところもあります。数百人から数千人規模の軍団がぶつかり合い、騎馬武者や甲冑に身を固めた武者が、永遠に戦っているのです。他にも、さまざまな欲を追い求めている人たちの世界が、欲の数だけあります。

みーこ： どうしてみなひとつのことしか考えられないのでしょうか。

マ　ス： 人は死ぬと、その人の持つ信念や考えの中で一番強固なのが前面に出てきます。そして類友原理で、特定の世界に引き寄せられるのですが、一度その中に入ってしまうと、みなが同じ想いを抱いていますから、それが間違いだとかおかしいとか気がつかないのです。そしてその中に埋没してしまうのです。ですから、一度入ると抜け出すのは容易ではありません。

Chapter 2

みーこ： 何だか怖い世界ですね。

マ ス： ある種の地獄です。でも、その中へ人はある意味喜んで入っていくのです。モンローによれば、人は死後10人中8人から9人はこの領域へ入っていくそうです。コチコチの宗教観、価値観、欲や怒り、うらみ、愚痴、こういった心が人をこの領域へと向かわせるのです。

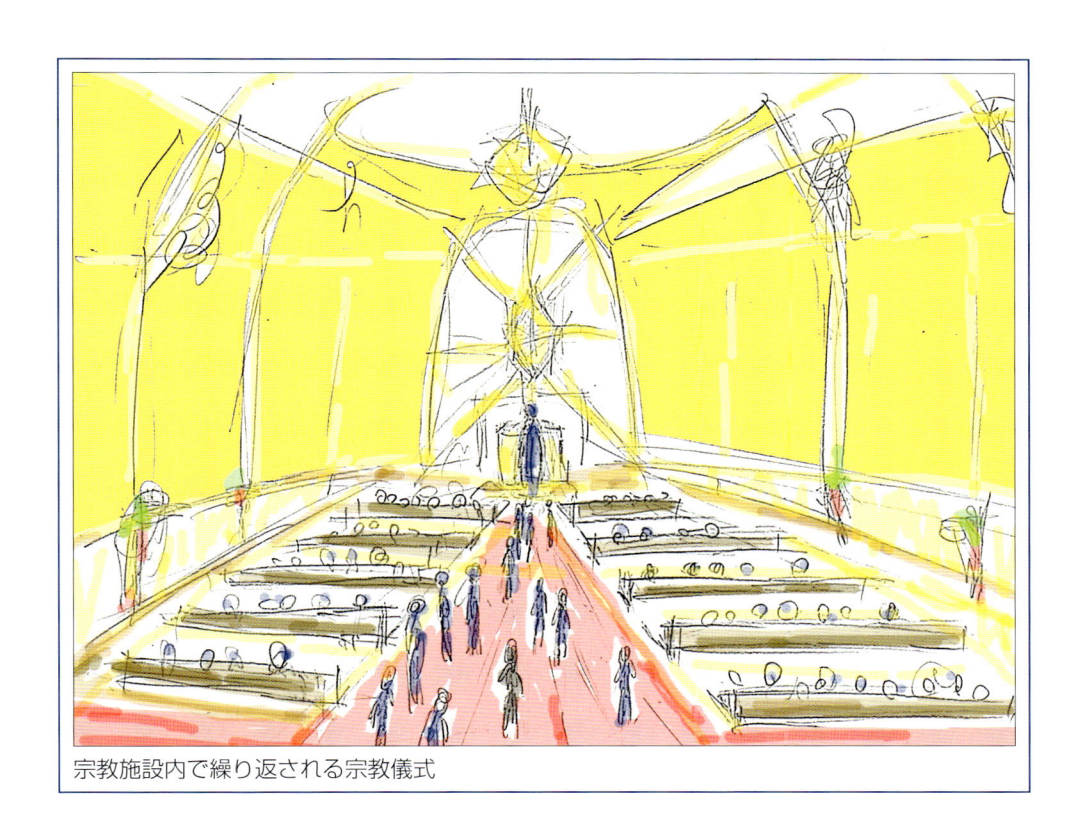

宗教施設内で繰り返される宗教儀式

フォーカス24〜26の世界／体験 ①

想いが具現化する信念体系世界

マ ス： 23は一人ひとりの想いの生み出した世界ですので、薄い霞のような見え方をします。それに対して、フォーカス24〜26は、大勢の人が共通の信念で生み出した世界ですので、生み出されたものは強固で、この世と同じような見え方をします。そこに住む人にとっては「現実世界」そのものです。建物もあり、道も、草木もあります。

みーこ： それじゃ、この世との違いは何なのですか？

マ ス： 違いは見た目よりも、人々の心にあります。かなり狭い範囲のことしか考えていない状態です。あるいは、何か、ぼーっとしたふうにも見えます。何百人もの人たちが建物のまわりにただ座っているという光景にたびたび出くわします。たとえば、南北戦争時の兵士が横一列になって遠くのほうをいつまでも眺めている光景や、東南アジアの難民のような群集が一団をなしてただ座っているといった光景を見たことがあります。

みーこ： 24から26までと番号に幅があるのはなぜですか？

マ ス： 同じ信念でも、度合いの強いほど番号が小さくなります。ですから24には、あるひとつの想いにがんじがらめになった人たちが集まっていますが、26では、同じ信念でも、もう少し、緩やかに信じている人たちが集まっています。

Chapter 2

遠くをいつまでも見つめる南北戦争の兵士たち。

群集。いつまでもそこにいるように見えます。

フォーカス24〜26の世界／体験 ②

擬似天国

マ　ス： 先程、特定の宗派を信じる人たちが集まってひとつの世界を生み出していると言いました。おそらく、あらゆる宗教のあらゆる宗派に対応した世界があると思われます。地上では見たこともないような巨大な宗教施設があちこちに立ち、天高くそびえる尖塔が多く見られます。

みーこ： 物質的、金銭的な限界がないから巨大化するのでしょうか？

マ　ス： そうだと思います。そういう宗教施設の中は、金色に輝き、赤や緑に彩られています。そしていつも宗教儀式がおごそかに執り行なわれている光景に出くわします。つまり、彼らは宗教儀式に明け暮れているのです。それしか頭にない様子です。

みーこ： 彼らはここが天国だと思っているのでしょうか？

マ　ス： そのようです。ここが天国だと信じ込んで満足している者や、ここで儀式や式典に出席し続けている限り、ここからおちることはないと信じている者などです。

Chapter 2

巨大な宗教施設。尖塔が目立ちます。

フォーカス24〜26の世界／体験 ③

戦いに明け暮れる男たち

マ　ス：　次によく見るのが、戦い続ける男たちの集団です。集団の規模は数百人から数千人で、どの場合も二つの集団が永遠に戦い合っているのです。

みーこ：　どういう服装をしているのですか？

マ　ス：　おそらくあらゆる時代、地域の集団があります。甲冑に身を固めた日本の武士たちの軍団や、インディアンのような集団から、中央アジアの騎馬軍団まで。中には下半身が馬で上半身が人のような、馬と人間が合体して、人間であることを忘れ、戦いにだけ没頭している集団まであります。

みーこ：　永遠に戦っているのですか。

マ　ス：　はい。そう見えます。彼らの心理は測りかねます。元々は守らなければならない家族や領土のため、あるいは部族の名誉や誇りのために戦っていたのが、そのうち、憎しみや恨みが心を占め、ただただ、戦うことが目的になり、今では、何のために戦っているのかさえ忘れ、その中に没頭しているように見えます。

みーこ：　ここから脱出するのは難しいのですか？

マ　ス：　何かの拍子に自分のしていることに疑問を抱かない限り、抜け出せないと思います。

Chapter 2

武士の集団。

戦い続ける武者たち。

第2章　死後世界の構造

フォーカス27／輪廻転生の準備の場

マ　ス：　人はフォーカス27へ来て初めて次の生へ輪廻することができます。そのための準備をする場がフォーカス27です。

みーこ：　それじゃ、フォーカス23から26までにいる人は輪廻できないのですか？

マ　ス：　そうです。そこに囚われています。何かのきっかけで27まで来ないと輪廻できないのです。死んでまっすぐフォーカス27へ来る人もいれば、長らくフォーカス23〜26にいてから、ようやくここにたどり着く人もいます。いずれの場合も、単独でここに来る人はまれで、ヘルパーやガイドと呼ばれる知的存在の手助けが必要です。

みーこ：　それでは、フォーカス27について具体的に教えてください。

マ　ス：　フォーカス27に来た人たちが、次の生へ輪廻するまでの流れで言いますと、『受け入れ』、『癒し』、『次の生の計画』、『順番を待つ』、『次の生へ送り出す』となります。それぞれのための場（センター）がフォーカス27にあります。

みーこ：　場ですか？

マ　ス：　はい。それぞれの目的に合わせて、人間に把握しやすいように地上にあるような施設がいくつも建っています。人間は死んでもまだこの世の価値観を引きずっていますから、地面があって、その上を歩いていくような構造に作られています。

みーこ：　作られているって、誰かが作ったのですか？

マ　ス：　いい点に気が付きましたね。そうなんです。実は、フォーカス27にあるさまざまな施設は、我々人間のために、意図的に作られたものです。今もなお作られ続けています。

Chapter 2

みーこ： 誰が作っているのですか？

マス： 知的生命存在たちです。多くの知的存在たちがこれに関わっています。彼らは、フォーカス27を作り、維持し、運営しているばかりではありません。先程、23から26に囚われている人たちは何かのきっかけがないと、27まで来られないと言いましたが、**実は多くのヘルパーと呼ばれる知的存在たちが、この過程に関わっています。**囚われている人たちを何とかして27まで連れてこようと努めているのです。彼らの一部は前に人間をやってきた人たちです。

フォーカス27のさまざまな機能

（癒し／計画／受け入れ／発明／教育／順番を待つ／資料館／送り出す）

第2章　死後世界の構造

フォーカス27／さまざまな場

みーこ： それではそれぞれの場について、詳しくお話してください。

受け入れの場

マ　ス： フォーカス27へやってきた人は、かなり動揺しています。ここはどこだろうと、ドキドキしていますから、まず安心してもらうために、この場が用意されています。

みーこ： 確かに相当心細いでしょうね。

マ　ス： はい。ですから、その人が安心できるように、ヘルパーが、先に死んだ両親や、友人、知人の姿になって現れます。場所も緑豊かな公園だったり、温泉旅館だったり、その人の信仰、興味、嗜好に応じた建物や景色が用意されています。

みーこ： へー、芸が細かいのね。

マ　ス： そうです。まず安心させることが第一ですから。その後、ヘルパーは徐々にここがどういうところなのか理解させていきます。つまり、あなたは死んだこと、ここは天国ではないこと、でも地獄でもないこと、これから次の生の準備をすることなどです。

癒しの場

マ　ス： ここは死の過程で受けた精神的・エネルギー体的なダメージを癒すための場です。みーこはどこへ行くと一番癒されますか。

みーこ： もちろん温泉です。私、温泉大好き。

マ　ス： そうでしょう。だから、そういう人のために温泉がちゃんとあるんです。

Chapter 2

みーこ： へー、知的生命存在たちもやるじゃない。

マ　ス： はい。それ以外にも、その人にあったあらゆる癒しのための施設が用意されています。人によっては病院でないとダメという人もいますので、病院もあり、医者や看護婦までいます。もちろんヘルパーたちがそういう役割を演じているのです。

みーこ： ヘルパーさんたち、えらーい！

癒しの場にある日本人専用温泉旅館のロビー。

第2章　死後世界の構造　57

フォーカス27／さまざまな場

次の生を計画する場

マ　ス：　十分癒されたら、次に、次の生について計画します。それをするための施設があります。次の生の選択肢には、人間以外に、他の天体での生もあるのですが、ほとんどの人が人間界に舞い戻ることを希望します。

みーこ：　そうですね。私もまだまだやりたいことがいっぱいあるし、人間を選ぶでしょうね。

マ　ス：　そうでしょう。ただ次の人生は、人間としての成長という大きな目標の下に計画されます。決して自分の欲を満たすために計画されるのではありません。あなたは自分のガイドの指導の下、計画を立てます。

みーこ：　なんだ、つまんないの。

マ　ス：　ここへ来ると、皆そう言います。まず、ガイドといっしょに前回の人生をもう一度回顧します。目的は何であったか、それがどう達成されたか、されなかったか、何が不足しているか、次の人生ではそれをどう補っていくか、こういうことを話し合います。話し合うというより、ガイドから一方的に言われます。

みーこ：　私も生まれる前にこんなことしてきたのかしら。

マ　ス：　はい。覚えていないだけです。次に、不足しているのはこれだから、今度の人生の目的はこうだとガイドに言われます。それを達成するのに適切な、両親をまず選びます。次いで、重要な出会いを設定します。それは結婚相手との出会いの場合もあるし、それ以外の人生に大きな影響を与える人との出会いの場合もあります。ただ、それに対してどう反応するかは、人生のそのときになってあなたが決めます。人生の大枠は設定しておきますが、詳細は未定ですし、そのときどきのあなたの選択によって人生は大きく変わってきます。

Chapter 2

みーこ： 人生の先のことが決まってなくてよかった。自分の人生はやっぱり自分で作っていくんですよね。

マ　ス： そうです。出会いとかあらかじめ設定したものはありますが、そのときそれにどう対処するかは、あなた次第です。それによってその先の人生も変わってきます。

みーこ： 自分が死ぬときは決めてくるのかしら。

マ　ス： そのようです。何年何月にどういうふうに死ぬか決めてくるようです。

過去世データが貯蔵されている場（資料館）

マ　ス： 先ほど、前の人生の様子を回顧する場面が出てきましたが、実は、あらゆる過去世のデータが貯蔵されている場があります。そこへ行けば、自分の好きな過去世を追体験したり、スクリーン上に映し出したりできます。

みーこ： 実際に資料館の建物があるのですか？

マ　ス： そうです。ただそこがどう見えるかは、おそらく人によって違うと思います。どう把握するかはかなり個人差がありますので。それはフォーカス27の他の施設についても言えることです。この資料館は、わたしには、円筒形の建物で、内部は壁一面に資料が詰まっているというふうに見えました。内部の部屋の直径は30メートルぐらいでしょうか。

フォーカス27／さまざまな場

わたしが見た過去世データの資料館。
アカシックレコードともいいます。

Chapter 2

生まれる順番を待つ場

マ　ス：　人に生まれる機会は限られているようで、待つ人が長蛇の列を作っています。

みーこ：　具体的にはどんな場所ですか？

マ　ス：　そこは飛行場の出発ロビーのような広い空間でした。ただ、これはあくまでもわたしの得た個人的なイメージです。

昏睡状態にする場

マ　ス：　その次に、意識を昏睡状態にするプロセスを通ります。何かの機械のようなところで、意識がきゅっと縮まるのです。そうすると、深く眠った状態になり、ここでした体験へアクセスできなくなります。

次の人生へ送り出す場

マ　ス：　ここでは、昏睡状態の人を順番に次の人生へ送り出します。

みーこ：　具体的にはどんな場所ですか？

マ　ス：　何かの大きな機械のようなものが人を順に運んでいき、最後のところまで来ると、高いところからそれぞれの目的地、時代へ向かって、カタパルト（発射台）のようなもので、放出します。人は目的地へ一直線で向かいます。

フォーカス27／知的存在たちが働く世界

マ　ス：　先ほどお話しましたが、フォーカス27のそれぞれの場には多くの知的存在たちがヘルパーとして働いています。彼らはそうすることで、**霊的な気付きを得て成長し、「卒業生／輪廻からの卒業」となることが目的です。**卒業生は「光の存在」と呼ばれます。フォーカス27を統括するのは、さらに進歩した少数の霊的存在で、CI（コーディネーティング・インテリジェンス）と呼ばれます。

他の生命体系と情報交換するCI

マ　ス：　実は地球以外にもこの宇宙には生命系は無数にあります。それぞれの生命系にはそこのフォーカス27があり、それを運営する知的存在たちがいます。地球生命系のCIたちの意識は、こういった他の生命系のCIたちとつながり、常に情報交換をしています。時には、卒業生を他の生命系へ教師や外交官として派遣したりします。

Chapter 2

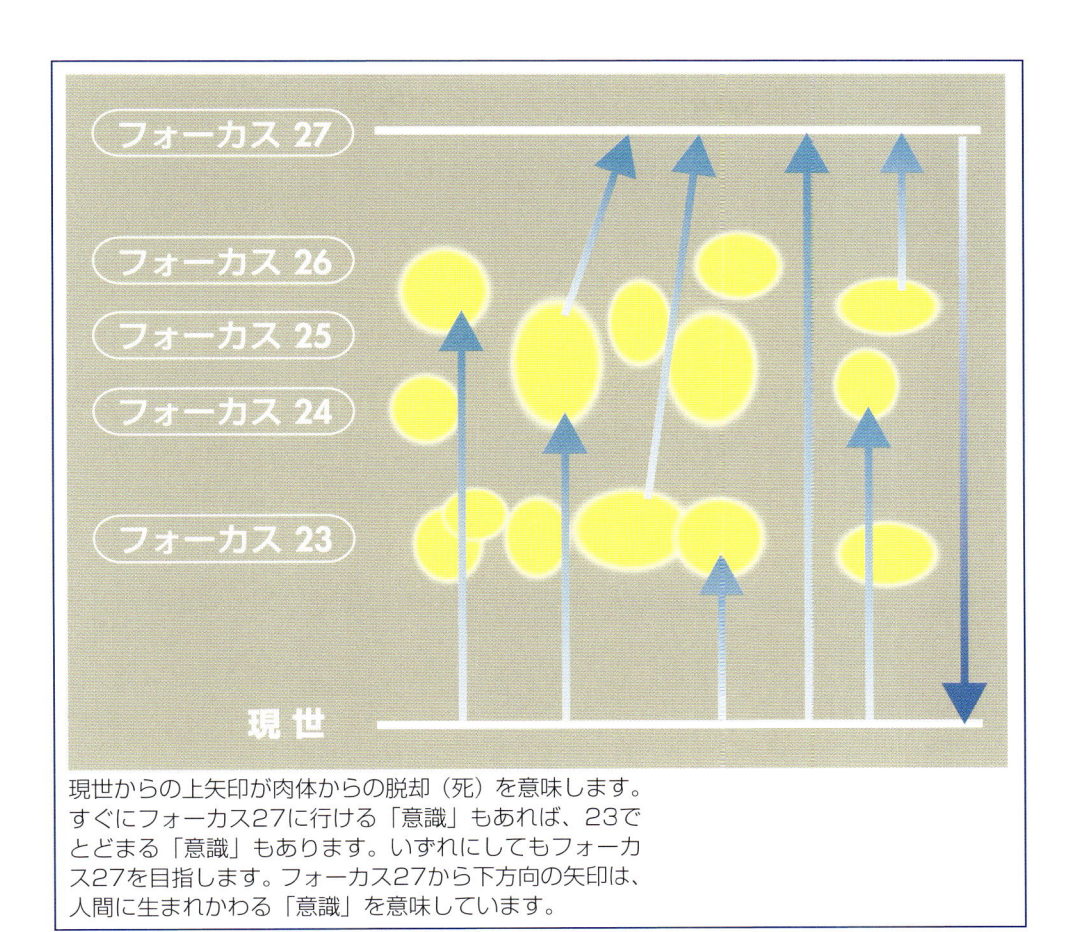

- フォーカス 27
- フォーカス 26
- フォーカス 25
- フォーカス 24
- フォーカス 23
- 現世

現世からの上矢印が肉体からの脱却（死）を意味します。すぐにフォーカス27に行ける「意識」もあれば、23でとどまる「意識」もあります。いずれにしてもフォーカス27を目指します。フォーカス27から下方向の矢印は、人間に生まれかわる「意識」を意味しています。

第2章　死後世界の構造

フォーカス27の世界／体験 ①

さまざまな施設と光景が広がる

マ　ス： フォーカス27は広大な世界です。これはあくまでもわたしが見たひとつの光景なのですが、透き通る青空の下、木々で覆われた広大な山の斜面に白い建物が点在していました。

みーこ： それぞれの施設が何かの「場」なのですか？

マ　ス： 初めはそうだと思ったのですが、そうではないと思います。というのは、そもそもフォーカス27は空間的に連続して広がっているのではないからです。空間というのはこの物質界の概念です。フォーカス27内のあちこちに、それぞれの「場」があり、さらにその中にいくつもの施設がある程度独立してあるのだと思います。それぞれの「場」や施設に行くと、そこにはまったく異なる風景が広がっています。だからフォーカス27の全容が一望できるわけではないのです。

群盲象をなでる

マ　ス： さらに、それぞれの場や施設をどう把握するかは、人によって相当違います。「群盲象をなでる」という喩えがありますが、それと同じで、同じ場所に行っても、見え方、把握のされ方は人それぞれです。

フォーカス27にもあるモンロー研究所

マ　ス： だれかが意図的に作ったのですが、フォーカス27にもモンロー研があります。もちろん想念で生み出したわけです。地上のモンロー研同様、結晶が置かれています。

みーこ： 誰が作ったのですか？

Chapter 2

マ ス： 亡くなったモンローなのか、それとも何人かの想いが作ったのか、わかりません。

左はモンロー研究所にある巨大な水晶。フォーカス27にも似たようなものがあります。
下は、わたしが見たフォーカス27の一光景。抜けるような青空の下、広大な山の裾野にいくつも白い建物が見える（イメージとしての写真）。

フォーカス27の世界／体験 ②

受け入れの場

マ ス： 右のイラストはわたしが体験した「受け入れの場」です。前に張り出した部分があり、そこへ着地するような感じになっています。真っ赤な絨毯が敷かれ、奥には金色のデコレーションが施された建物が見えます。ヘルパーやガイドたちが親しい友人や親戚の姿で出迎えにきています。

みーこ： 着地するということは空を飛んできたのですか？

マ ス： はい。23から救出したポリネシア人の青年といっしょに飛んできました。

みーこ： 空を飛ぶことに違和感を持たないのでしょうか？

マ ス： 多くの宗教で、死後行く天国は空の上にあると思われていますので、空高く舞い上がり、飛んでいくことは、受け入れられるのです。他にも、馬車のようなものに乗って空を飛んでやってくる死者たちを受け入れる場を見たこともあります。

みーこ： 人は何かに乗らないと飛べないと思うのでしょうか？

マ ス： そういう人も多いようです。飛行機でやってくる人たちを受け入れるための場として、飛行場も用意されています。電車でやってくる人のための駅もあります。

郵便はがき

171-8790

425

料金受取人払

豊島局承認

189

差出有効期間
平成18年9月
30日まで

東京都豊島区池袋3-9-23

ハート出版

①ご意見・メッセージ 係
②書籍注文 係（裏面お使い下さい）

|||||||||||||||||||||||||||||||

ご愛読ありがとうございました

ご購入図書名

ご購入書店名	区 市 町	書店

●本書を何で知りましたか？
　① 新聞・雑誌の広告（媒体名　　　　　　　　　　）　② 書店で見て
　③ 人にすすめられ　　④ 当社の目録　　⑤ 当社のホームページ
　⑥ 楽天市場　　⑦ その他（　　　　　　　　　　）
●当社から次にどんな本を期待していますか？

●メッセージ、ご意見などお書き下さい●

ご住所	〒			
お名前	フリガナ	女・男		お子様
		歳		有・無
ご職業	・小学生・中学生・高校生・専門学生・大学生・フリーランス・パート ・会社員・公務員・自営業・専業主婦・無職・その他（　　　　　　　）			
電　話	(　　　-　　　-　　　)	当社からのお知らせ	1．郵送OK 2．FAX OK 3．e-mail OK 4．必要ない	
FAX	(　　　-　　　-　　　)			
e-mail アドレス	@			パソコン・携帯
注文書	お支払いは現品に同封の郵便振替用紙で。(送料実費)			冊 数

Chapter 2

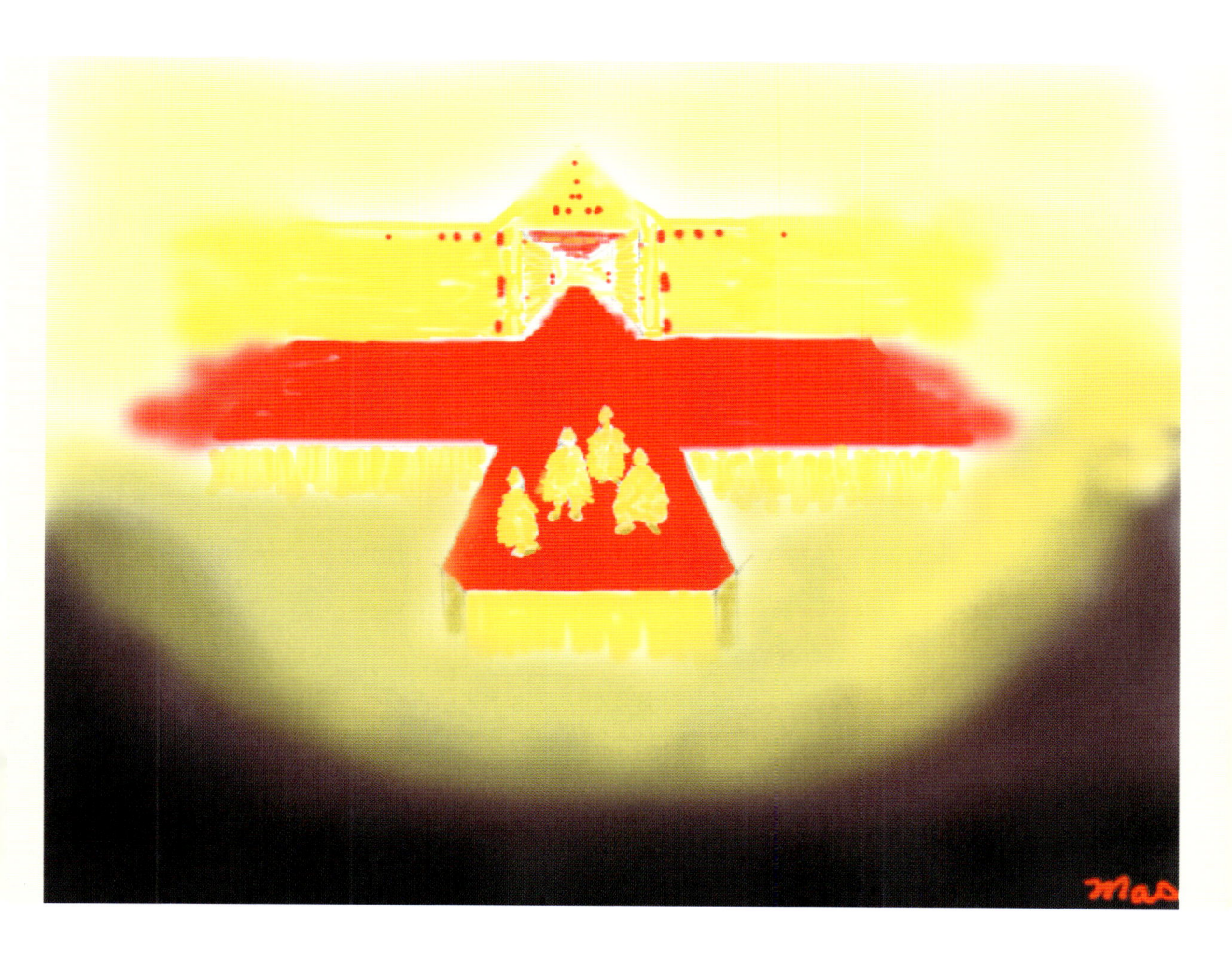

第2章　死後世界の構造

フォーカス27の世界／体験 ③

癒しの場

マ　ス： ここは死によって被った精神的、肉体的なダメージを癒す場所です。

みーこ： 肉体はもうないはずですが？

マ　ス： するどいですね。そうなんですが、肉体的に受けたダメージをそのまま想いの中に引きずって、想いがダメージを生み出しているのです。ですから、想いを癒す必要があります。

みーこ： それにはどうするのですか？

マ　ス： その人の考え方によります。前に言いましたが、病院で治療されないとダメと思っている人が意外に多いようで、そういう人のために病院があり、治療が受けられます。このデモンストレーションを受けたことがあります。カマキリのようなものがわたしの上に覆いかぶさって、その口先から伸びるもので全身を上下にスキャンされるのです。何とも気持ちの悪い体験でした。

みーこ： 他にはどういう場所がありますか？

マ　ス： みーこの好きな温泉があります。日本人は温泉に浸かって癒されると思っているようで、わたしが連れて行かれたのも、まさにそこでした。赤い絨毯が敷かれた日本のホテルのロビーのようなところで、スタッフがお辞儀をして出迎えてくれます。建物の中では、シャワーを浴びたり、プールで泳いだりしています。畳の敷かれた大広間では浴衣姿の老人が大勢座って、宴会を楽しんでいる風で、みなとてもはしゃいでいました。

みーこ： へー、なんか楽しそう。

Chapter 2

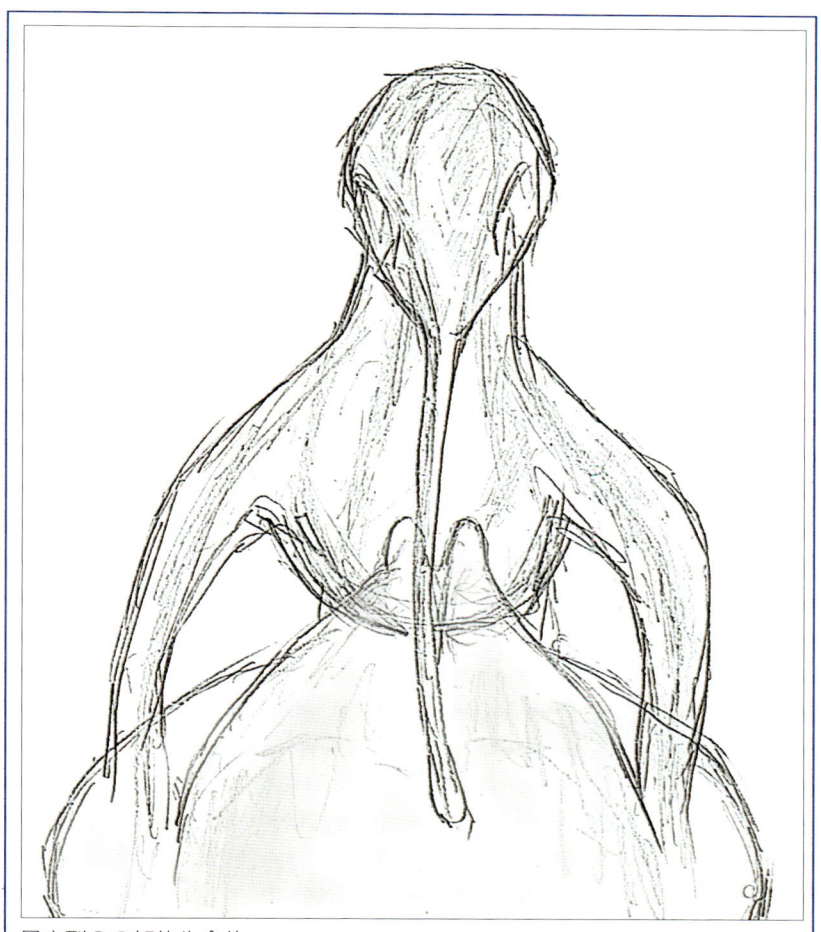

昆虫型？の知的生命体。
物質世界の検査でもバリウムを飲んだり、胃カメラを飲むわけだから、
不快感という意味ではあまり大差はないのかもしれない。

フォーカス27の世界／体験 ④

ヘルパーなどの知的生命体の姿

マ　ス： フォーカス27には多くの知的生命体が働いていますが、彼らがどういう風に見えるのか、お話します。

みーこ： 普通の人の姿をしているのではないのですか？たとえば、病院なら医者とか看護婦とか。

マ　ス： そうじゃないんです。フォーカス27で建物とか海、山などの自然はこの世のものと同じように見えます。また人間も、場合によりますが、だいたいこの世と同様に見えます。ところが、不思議なことに、知的生命体は、そうではないんです。

みーこ： どう見えるんですか？

マ　ス： 何かメタリックな光沢を持った、ぬるぬるしたものなんです。水銀で作った人形のような、と言ったら一番近いかもしれません。それが印象として、看護婦や医者などに見えるのです。どちらかというとエネルギー体をそのまま見ているのかもしれません。

みーこ： 視覚的な情報だけに頼ってはいけないということですね。

マ　ス： そうだと思います。印象ということが大切になってきます。CIになるとさらにその全貌を把握することすら困難で、断片的な印象が見えると言ったほうがいいでしょう。生命体というよりは機械的な印象を受けました。

Chapter 2

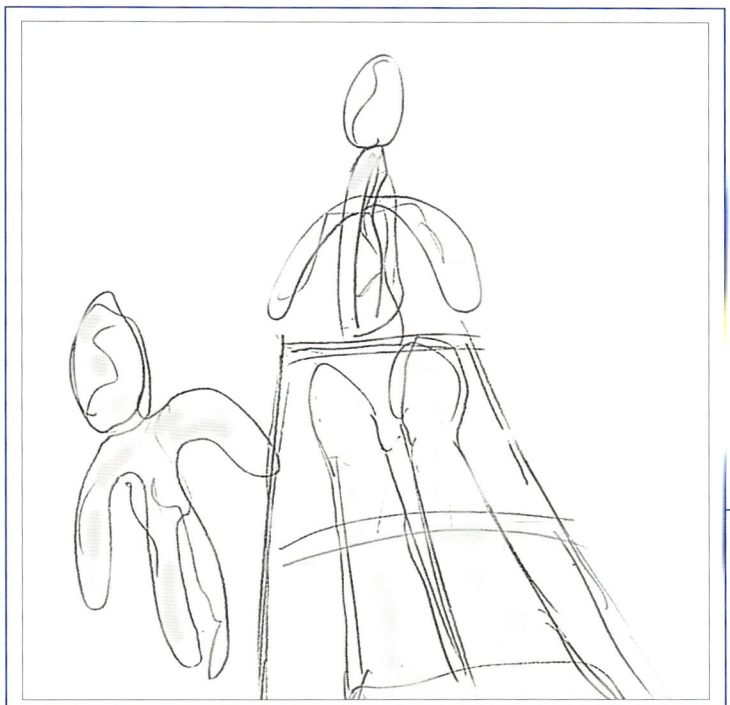

手前に見えるのがわたしの足。
ストレッチャーを押すふたりのヘルパーたちは、看護士という印象を受ける。ただ、実際には、水銀で出来た動く人形のような見え方をする

フォーカス27の知的生命体の一つ。人間に生まれ変わる「意識体」のための仕事をしているエントリー・ディレクター（通称エド）の姿が、わたしには、こんなふうに見えました。長さ1メートルほどで、垂直に立っていて、先端がゴツゴツしていました。

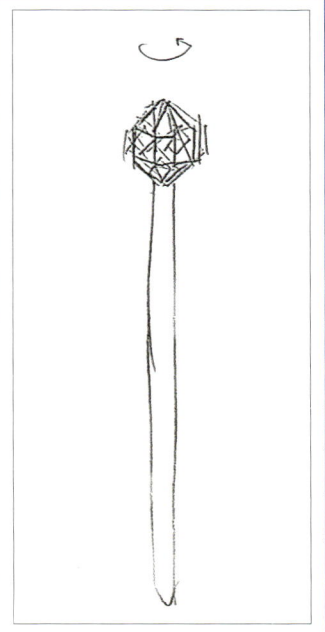

フォーカスレベルのご案内

フォーカス 23
固　執

　各自の想いが生み出した世界。そのなかに閉じこめられ、たいてい出られない。仏教で言うところの孤地獄に相当する。

フォーカス 24-26
信念体系

　信念体系領域。共通の信念を持つ人々の想いが生み出した世界。その信念に応じたさまざまな世界がある。互いにだましあうことに喜びを見いだす人が集まる世界や、アル中地獄、疑似天国など。

フォーカス 27
再生のための準備

　霊的に進化した人たちによって創られた世界。機能に応じて、受け入れ、再生、教育、計画などのための「場」がある。人はここに来て初めて転生できる。

3章
過去世への旅

人ははるかな過去から輪廻を繰り返しています。
そのような過去世を思い出したり、追体験することが可能です。
それは、意識は本来、時間の束縛から自由だからです。
フォーカス15という「無時間の状態」へ行けば、自由に過去世を探索できます。
そして、過去世に起因するトラウマや心の傷を癒すことも可能なのです。

この章の要点

1　フォーカス15では意識は時間の束縛から自由になる
2　自分にとって重要な過去世を知ることが可能
3　過去世を知ることで、自分が繰り返し犯してきた
　　誤りを知ることができる
4　さらに、過去世に起因するトラウマを解消できる

フォーカス15と過去世体験

マ ス： フォーカス15では、『意識』は時間の束縛から自由になるため、過去や未来へ行くことが可能になります。特に自分の過去世を知ることができますが、それには、二通りの方法があります。ひとつは、過去世を追体験するもの、もうひとつは、過去の自分の姿を見るものです。追体験する場合には、自分が過去世の自分になり、その体験をもう一度します。その場合、自分の目を通して、外の世界が見えます。それに対して、自分の姿を外から見る場合は、自分を第三者的な立場から見ます。

みーこ： 同じ過去世体験と言っても、微妙に違うのですね。内側から見るか、外側からか。ところで、自分の好きな過去世に行かれるのですか？

マ ス： そうではないようです。**何か今の自分にとって重要な意味のある過去世をガイドが見せてくれるようです。**

みーこ： 意味があるとは？

マ ス： たとえば、次にお話しますが、過去世の自分がフォーカス23に閉じ込められていて、救出しなければならない場合です。あるいは、今生で直面している問題の原因が、ある過去世にある場合です。その場合には、その原因を取り除くには、その過去世での体験を自分なりに昇華させる必要があります。

みーこ： フォーカス27にある資料館でも過去世が体験できるのですか？

マ ス： そうです。フォーカス15ではなく、27の資料館へ行っても同様の体験ができます。

Chapter 3

わたしの過去世のひとつ。馬に乗ってはしゃぐ
ネイティブ・アメリカンの青年。

第3章 過去世への旅

過去世への旅／その ①

南洋の島

マス： 長い話になりますが、聞いてください。10年ほど前に、アメリカから日本へ向かう飛行機の中で瞑想していて、ある過去世をほんの数十秒間、本当にリアルに追体験したことがあります。その過去世で、わたしはポリネシア人の少年でした。まばゆいばかりの日の光の下、浜辺の波打ち際で泳いでいました。いっしょに少女も泳いでいるのですが、彼女はいいなずけなのです。そして、今の家内の過去世でもありました。

みーこ： すごくロマンティック！

マス： そのときは、それだけでした。それから5年以上たち、モンロー研でゲートウェイ・ヴォエッジというプログラムを受けたときに、自分にとって重要なメッセージを5つもらうというセッションがありました。そのときの最重要メッセージが右のイメージです。青い海と、そこに立つ黒茶色のアーチ状の岩です。

みーこ： メッセージの意味はわかったのですか？

マス： そのときは、何のことかさっぱりでした。ところが、次にライフラインというプログラムを受けました。そこでは、救出活動を行ないます。救出活動とはフォーカス23に囚われている人をガイドといっしょに救い出し、27まで連れて行くのです。あるセッションで、フォーカス23へ行くと、このイメージとまったく同じ光景が見えてきたのです。どうもそのそばの海の中に何かがあるらしいのです。そこで海の中へ入っていくと、底に石が折り重なっていて、その下に誰かが埋まっているようなのです。

みーこ： 姿は見えたのですか？

マス： 両手が突き出ているのが見えました。そこで一生懸命瓦礫をどけたので

Chapter 3

青い空と、海。そこに立つ黒茶色のアーチ状の岩。
この風景はわたしにとって重要なメッセージをもっていました。
そしてこの岩の下には……

過去世への旅／その①

すが、出てきたのか、よくわかりません。ただ、目の前に何かグニョグニョしたものがありました。それといっしょに上昇し、海面に出た瞬間、15歳ぐらいの褐色の肌の少年がぬっと出てきました。そのまま上昇して行くと、彼は長さが10メートルはある巨大な蛇のようなものに変わりました。その後、いっしょにフォーカス27へ着くと、出迎えの人々に迎えられました（その様子はフォーカス27／その②）。

みーこ： 救出に成功したわけですね。

マス： そうです。あの時はほっとしましたね。時間がどんどんなくなっていき、最後になってやっと救出できたので。

みーこ： 彼は過去世のマスさんなのですか？

マス： そうです。後でガイドから聞いたのですが、わたしはその過去世で南の島に住んでいました。ポリネシアか、ハワイか、どこかはわかりません。その島には前からいた部族と、後から入ってきた部族とがあり、互いに何かといがみあっていました。そこで、融和を図るために、それぞれの部族の族長の親族から若い二人が選ばれ、婚約したのです。それが、わたしと、今の家内の過去世です。ところが、融和に反対するグループがそのときのわたしを殺したのです。例のアーチ状の岩のそばで、岩に埋もれて死にました。わたしはそこからずっと出られずにいたのです。わたしを殺したグループの中心人物も今ではわかっています。言いませんが。

みーこ： この過去世を救出することが、最重要課題だったのですね。

マス： そうです。ずっとフォーカス23に囚われていたのですから。

上：岩の下から救出をもとめる手が……
右：気が付くと水のなかにグニョグニョしたものが……
下：褐色の青年が水のなかから出てきた……

過去世への旅／その②

中世ヨーロッパ

マ　ス：　人間としての過去世は何百回とあります。さまざまな時代、場所を体験しています。次に紹介するのは、イギリス南西端に住んでいたときのことです。

みーこ：　時代はいつごろですか？

マ　ス：　後で、服装などから推測すると16世紀後半だと思います。そのときのわたしは、大きな荘園で働く使用人でした。果樹園で農夫をしていたようです。その荘園領主の娘と恋に落ちたのですが、許されず、屋敷から追放されたようです。身分が違いすぎました。

みーこ：　その娘さんは、また、今の奥さんの過去世ですか？

マ　ス：　そうなんです。毎度のことでどうも済みません。

みーこ：　いいですね。ソウルメイトで。

マ　ス：　彼女はりっぱな屋敷に住んでいました。ホールには大きな絨毯が敷かれ、それを多くの女性たちが掃除しているのです。そこへ彼女と父親がいっしょに現れました。そのときの服装から時代がだいたい推測できます。その後、彼女は、身分相応の人と結婚しました。たぶん、どこかの領主の息子だと思います。わたしは彼女が嫁ぐ前に一度だけ会いました。でもそれが最後でその後一度も会えませんでした。

みーこ：　でも、今生でまた会えたのですね。

マ　ス：　そういうことです。ここからは家内が見た夢からの推測ですが、彼女はその後、小領主の妻になります。ところが、その当時の領土間の争いから、彼女の存在が、その国にとって危険になってきたのです。そこで、彼女は、断崖絶壁に立つ城の最上階に幽閉され、遂には長男が自殺を迫るのです。彼女は毒と知り

つつ、渡された物を飲み、死にました。

みーこ： 何か映画になりそうなドラマティックな話ですね。

マ　ス： 当時のヨーロッパは、日本の戦国期と同じで、こういう話ばかりなのです。波乱万丈の人生を生きたかったら、次の生は戦国期にしたらいいと思います。

過去世への旅／その③

ギリシャ・エジプトの僧侶

マ　ス：　このときのわたしは僧侶です。エーゲ海沿岸の洞窟内に住み、数百人の仲間といっしょに瞑想を続けていました。

みーこ：　時代はいつですか？

マ　ス：　紀元前200年代です。

みーこ：　何のために瞑想していたのですか？

マ　ス：　宇宙の真理を知るためです。知るというのは、知識として知るのではなく、体得することです。

みーこ：　どうして洞窟内で瞑想したのですか？

マ　ス：　まず、中は薄暗いですから、目は利かないのです。目を使わずに、第三の目を開くように訓練していたようです。それから、海岸沿いの洞窟内ですので、波が打ち寄せてきて、中で反響します。それがちょうどヘミ・シンクのような瞑想効果を生み出したんだと思います。また皆で、「あー」とか「おー」とか声を出してもいたようで、それも同様の効果があったと思います。それから、洞窟内に流れ込む青黒い海水には、精神の鎮静効果もあったと思います。

みーこ：　どういう精神的なレベルまで到達したのですか？

マ　ス：　彼によれば、精神の純粋性ということです。

みーこ：　それは具体的にはどういう状態ですか？

マ　ス：　一言で言えば、欲に翻弄され、その虜になっている自分をありのままに見、ありのままに受け入れることです。

Chapter 3

エーゲ海沿岸の洞窟で瞑想するわたしの過去世。

過去世が未来のこともある

マ　ス：　普通、過去世と言うと、時代的に昔に起こったと思います。たとえば、わたしの例をとれば、16世紀イギリスでの人生や紀元前2〜3世紀のエーゲ海沿岸地域での人生です。ところが、過去世はあながち歴史上で昔だとは限らないのです。

みーこ：　頭が混乱してきました。

マ　ス：　これはモンローの過去世を見てみれば、わかります。彼は初めて人間になったとき、ニューヨークに生まれました。ニューヨークがある程度の都市とし

第3章　過去世への旅　83

過去世への旅／その③

て存在するのは、せいぜいここ数世紀でしょう。その次の生は16世紀ごろのイギリスで農夫です。その次はさらに時代をさかのぼり、古代の戦士でした。

みーこ： どんどん時代をさかのぼっていますね。

マ　ス： そうなんです。10万年前に生きていたこともあります。つまり、彼の場合、歴史の時代の流れに逆らって輪廻しているのです。

みーこ： だから、過去世が未来のこともあると言うのですね。

マ　ス： そうです。逆に言えば、次の生が歴史上、過去になることもあるのです。たとえば、次の生で戦国時代に生まれることもありうるのです。自分の人生の順番という意味で、1番目の人生、2番目の人生、3番目の人生と、順番をつけることができます。ただ、その順番が、地球上の時間の流れの順番と同じであるとは限らないのです。

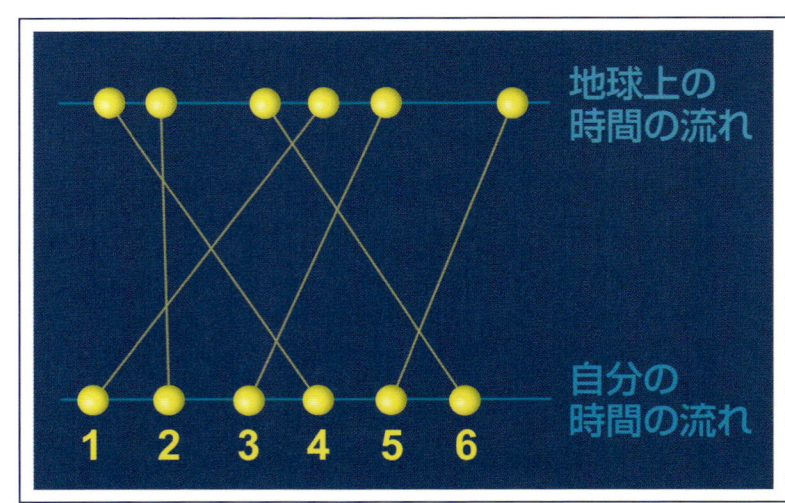

「自分の時間の流れ」は自分の過去世の輪廻の順番を示します。「地球上の時間の流れ」はそれぞれの過去世が歴史上どこに位置づけられるのかを示します。

4章
輪廻を超えた世界へ

この章では、死後の世界（フォーカス27まで）を超えた先にある
フォーカス・レベルについてご紹介します。
具体的にはフォーカス35、42、49というレベルについてです。

この章の要点

1. フォーカス35にはトータルセルフがある。
   それをモンローはI・T（向こうの自分）と呼ぶ
2. トータルセルフはすべての過去世の自分と
   現世の自分の集合である
3. その中で輪廻を終了した自分はガイドになり、
   その他をひっぱっている
4. フォーカス42には、さらに大きな自分I・Tクラスターがある
5. フォーカス49には、さらに大きな自分
   I・Tスーパークラスターがある

フォーカス35の世界／その①

トータル・セルフ

マ　ス：　フォーカス35まで来ると、トータルセルフが存在します。これをモンローはI・There（向こうの自分）、略してI・Tと呼びました。彼の定義に従えば、すべての過去世の自分と現世の自分の総体のことです。トータルセルフは、はっきり言って我々の理解を超えた存在です。

みーこ：　すべての自分がそこにいるのですか？でも、過去世の自分って、もう輪廻して今の自分になってしまったのだから、存在しないのではないでしょうか？

マ　ス：　理解を超えていると言ったひとつの理由はそこにあります。わたしの現段階での理解はこうです。「自分」は遠い昔にいくつにも分裂し、それぞれの自分がそれぞれ別々に地球生命系内で輪廻を始めました。

みーこ：　自分が分裂したのですか？

マ　ス：　はい。意識というものはいくつにも分割できるのです。話を続けますが、フォーカス35というのは、その元々の「自分」の意識レベルであって、そこまで来ると、分割して生まれたすべての自分と意識がつながっているのです。

みーこ：　ここまでは何となくわかるような気がします。

マ　ス：　たとえば、元々の自分が分裂して、自分A1、B1、C1、…が生まれたとします。それぞれは輪廻しますので、A1、A2、A3…、B1、B2、B3、…、C1、C2、C3、…となります。

Chapter 4

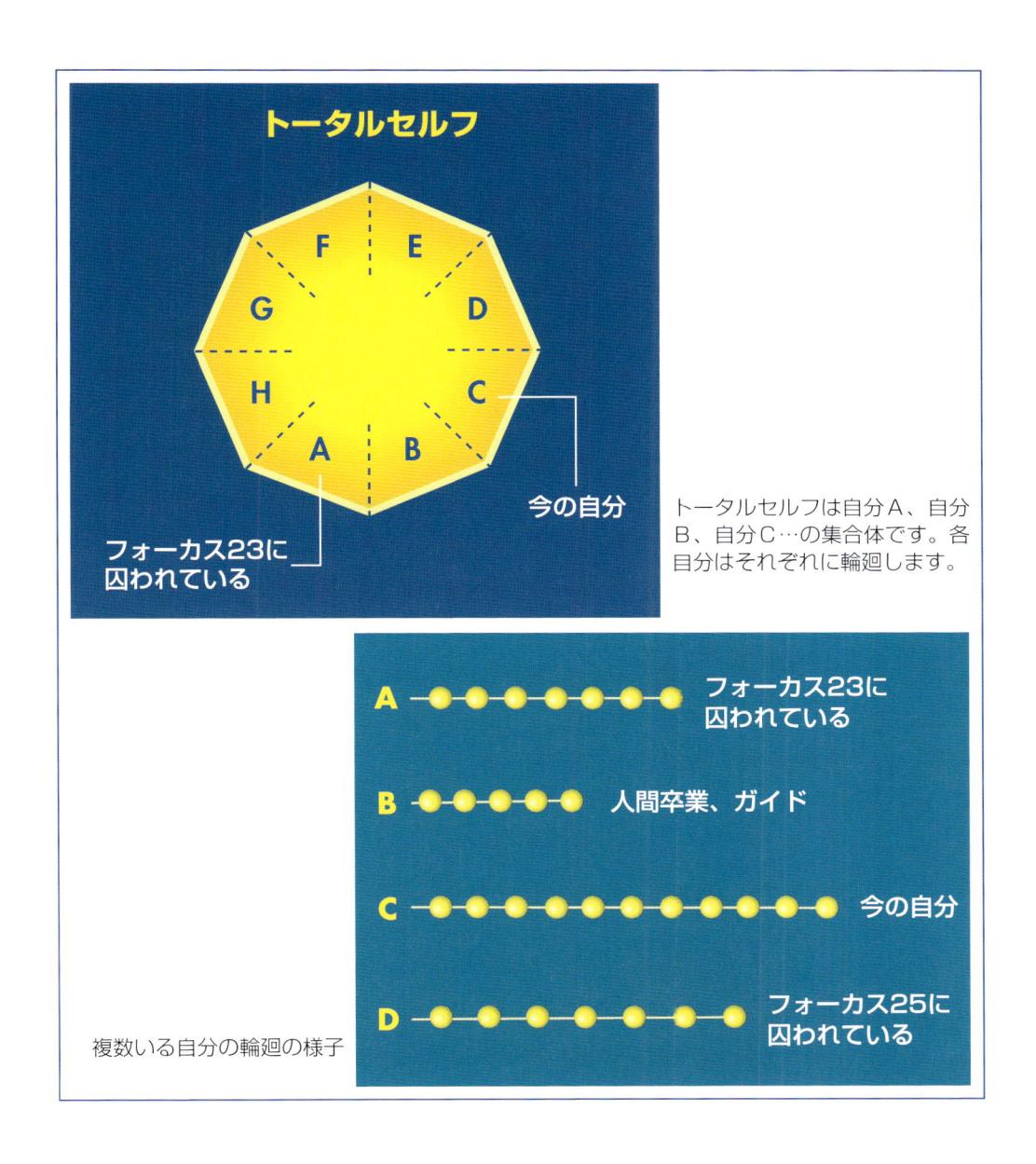

トータルセルフ

トータルセルフは自分A、自分B、自分C…の集合体です。各自分はそれぞれに輪廻します。

- フォーカス23に囚われている
- 今の自分

複数いる自分の輪廻の様子

- A ── フォーカス23に囚われている
- B ── 人間卒業、ガイド
- C ── 今の自分
- D ── フォーカス25に囚われている

第4章 輪廻を超えた世界へ　87

フォーカス35の世界／その ① (つづき)

みーこ： ここまでは、なんとかわかります。

マ　ス： ここからが、難しいのですが、そのすべてが、フォーカス35以下の地球生命系内に並存しています。時間というものは、この領域ではあまり意味をなさないからです。

みーこ： そう、ここがわからないのです。

マ　ス： わたしにもわかりません。理解を超えています。自分たちの中には、輪廻を終了したものもいます。たとえば、B1は輪廻を続けた後、輪廻から卒業したとします。そうすると、フォーカス35へ戻り、そこで、ガイドになります。その他のまだ輪廻の途上にある自分たち（A1、C1など）が早く輪廻から卒業できるように、手助けするのです。

みーこ： 自分が自分の手助けをするのですか？

マ　ス： はい。自分と言っても、はるかに進んだ自分です。ところで、トータルセルフというのは、実際に視覚的に見ることができます。それを図に示しましたが、わたしの場合には、スタジアムとか、パラボラアンテナのような形に見えます。これは何度行ってもそういう形に見えるので、何かの実体を表していると思います。観客席に当たる部分に大勢人がいて、それがそれぞれの過去世に相当しているのです。面白いことに、モンローも椀状の光（Bowl of light）と表現しています。もちろん、実体はエネルギー体ですから、形というのはないと言うのが正しいのですが、そのある側面をとらえて、スタジアムとかパラボラアンテナを類推して、それが見えているのだと思います。

Chapter 4

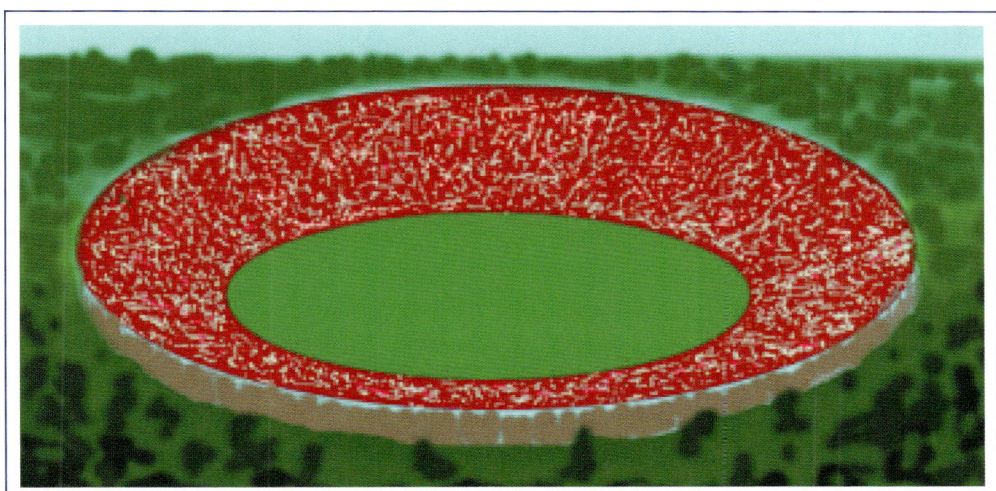

上の図：スタジアム状に見えるトータルセルフ。

下の図：宇宙空間に浮かぶパラボラアンテナあるいは宇宙ステーションのように見えるトータルセルフ。

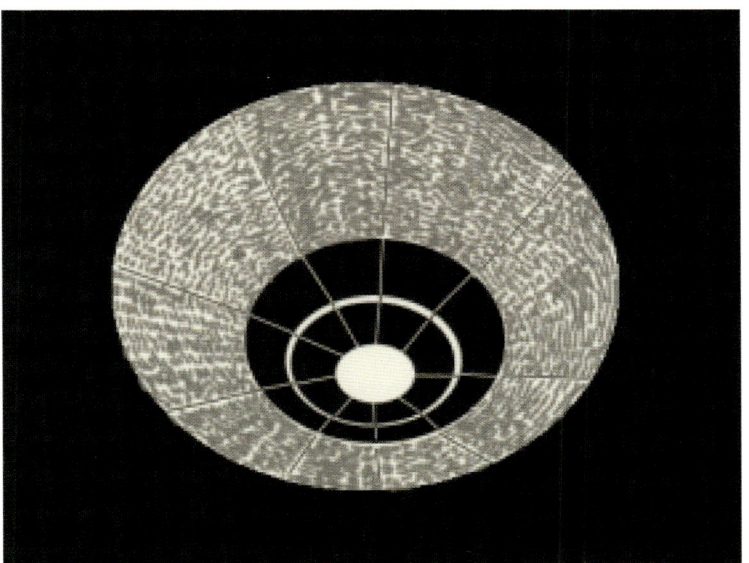

第4章　輪廻を超えた世界へ

フォーカス35の世界／その②

ガイドとその姿

マ　ス：　今お話したように、**大勢いる自分の中で、霊的に進んだ自分、輪廻から卒業した自分はガイドと呼ばれ、それ以外の自分が霊的な成長ができるように手助けしています。**

みーこ：　守護霊とか守護神とか呼ばれるものと同じですか？

マ　ス：　同じです。ほとんどの人に複数のガイドがいます。また、ガイドの中には、自分のトータルセルフの一員ではないものが含まれることもあります。そういう場合は、特殊技能があったり、特別な理由があってガイドになっています。

みーこ：　ガイドってどういう姿をしているのですか？

マ　ス：　通常は姿を見せません。コミュニケーションがあるだけです。必要があるときのみ姿を見せます。と言っても、現実世界で現れるのではなく、心象世界の中に現れます。今までにさまざまな姿で現れましたが、たいていの場合、こちらの予想をわざと裏切るような姿で現れます。

みーこ：　なぜでしょうか？

マ　ス：　先入観を持つなと言いたいのだと思います。そのガイドが最後に人間であったときの姿を取ることも、まれにあります。わたしのガイドの例では、アメリカ・インディアンの酋長や太った中国人の高僧です。

Chapter 4

わたしが見たガイドの姿の例。
上はシルエット状に見える。下にスピンする金色の光り輝く球。

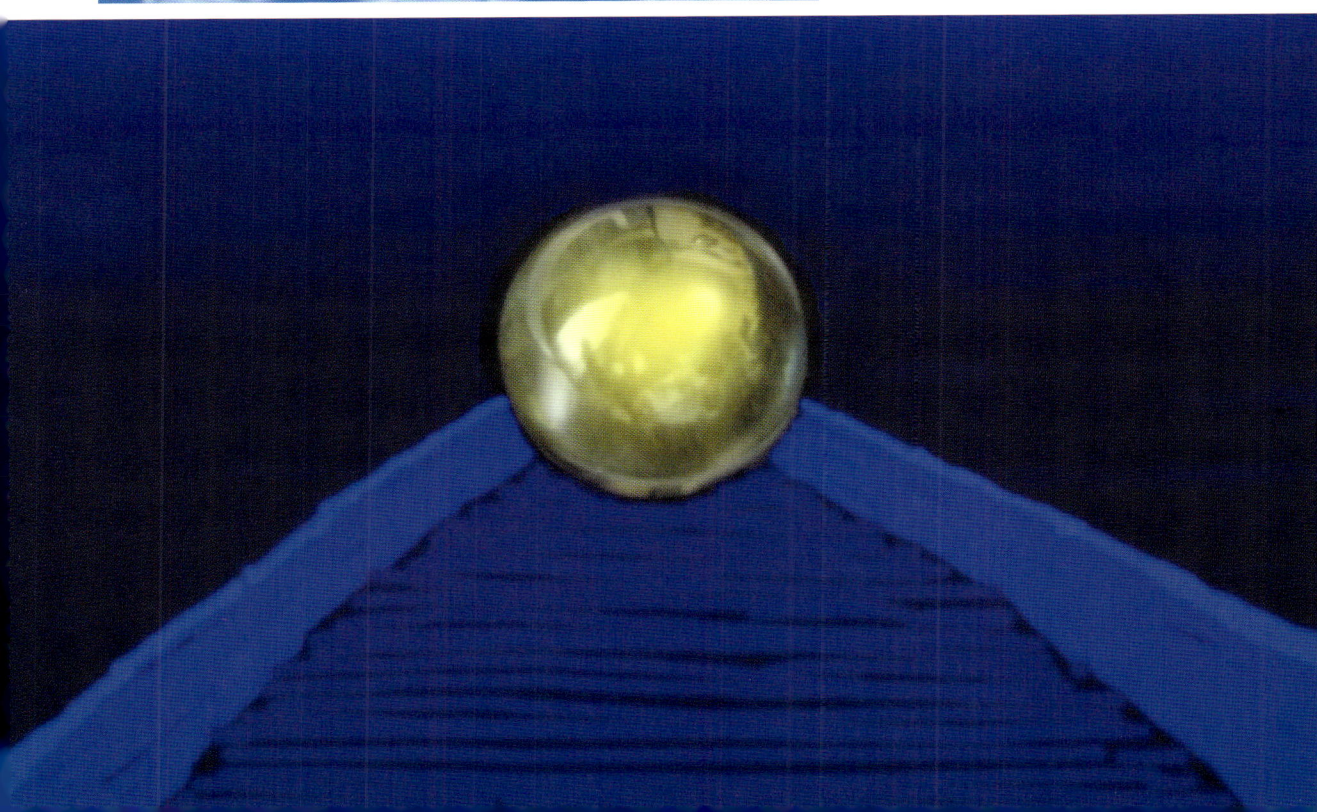

フォーカス35の世界／その ③

地球生命系から出る

マ ス： フォーカス35は輪廻から卒業するレベルです。これは言い方を変えてみれば、地球生命系が生み出すあらゆる偏見、価値観、固定観念から自由になったことを意味します。

みーこ： どういう偏見なのですか？

マ ス： 地球生命系は弱肉強食の世界で、「生き残って子孫を残すこと」のみが善とされる世界です。ここからさまざまな偏見、価値観が生まれてきているのです。たとえば、自我（エゴ）と生存欲、さらにさまざまな欲や感情です。ほとんどの人はそれに気がついていません。また、このレベルまで来ると、地球生命系から出て、太陽系内を探索することが可能になります。

異星人の大集合

マ ス： フォーカス34・35には、さまざまな形の宇宙船が集合しています。それは、これから地球生命系で起こる一大変化を観察するためなのです。

みーこ： 一大変化って何ですか？

マ ス： 2012年ごろをピークとして、大量の生命エネルギー（無条件の愛）が地球生命系に注入するということです。そのため、大きな変化が起こると言われています。具体的にどういう変化になるのかは、誰にもわかりません。

みーこ： 人類はどうなるのですか？

マ ス： 一説によると、進化するグループとそれを拒否するグループに二極化するということです。要するに精神的なものに、より大きな価値を見出す人たちと、今までどおり欲の追求にひた走る人たちとに分かれるということだと思います。

Chapter 4

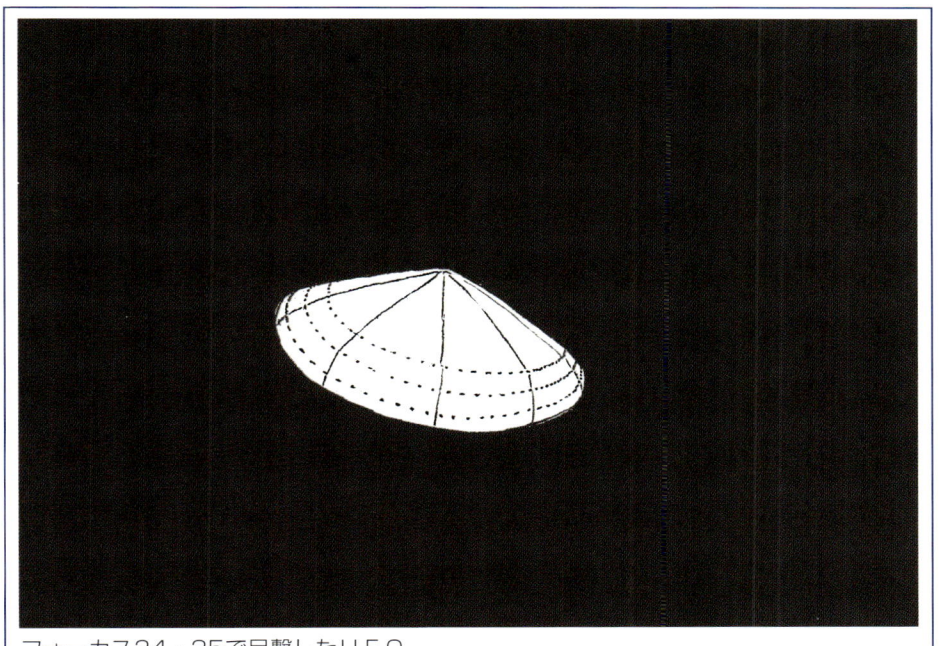

フォーカス34・35で目撃したUFO。
暗黒の宇宙空間を白い機体が目の前を横切りました。

フォーカス42の世界／その①

I・T（トータルセルフ）の集合体、I・Tクラスター

マ　ス：　フォーカス42まで来ると、先程お話したトータルセルフ、つまりI・Tがさらに大きなものの一部であることがわかります。それは、自分に関連するいくつものI・Tがひとつの集団（クラスター）を作っているのです。より大きな自分と言ってもいいでしょう。

みーこ：　さらに大きな集団があるのですか？

マ　ス：　そうです。ここまで来ると、自分のI・Tだけでなく、それと関連するI・Tに属する人たちの意識につながります。ですから、その意識の中に入っていって、その人が今やっていることを、自分のことのように体験することができます。

みーこ：　I・Tクラスターはどういう形に見えるのですか？

マ　ス：　おもしろいことに初めて見たころは、意識の糸が絡み合って、まるでソバかスパゲッティが絡んだように見えました。それが、別の機会にはI・Tと同じでスタジアム状に見えたこともあります。実体はエネルギー体で、どうも、そのどの側面をとらえているのかで見え方が異なるようです。

みーこ：　全体をとらえるとスタジアム状に見えるのですか？

マ　ス：　そうだと思います。観客席の部分にさまざまなI・Tが並んでいるのです。あるとき、スタジアムの下側も見ることができたのですが、スタジアムの下がロート状になっていて、ひとつのチューブになっていました。このチューブの先がどこへつながっているのか、わかりません。

Chapter 4

フォーカス42で見たⅠ・Tクラスター。スタジアムの形をしている。
さらに下側はロート状になっていてチューブにつながっています。

第4章 輪廻を超えた世界へ

フォーカス42の世界／その ②

太陽系から出る

マ　ス： フォーカス42まで来ると、太陽系から脱出して、近隣の星や星団を訪れることができます。たとえば、シリウスやアークチュルス、プレアデス星団などです。あるいはそういう星の近傍にある惑星に行き、そこの生命体と会ったり、交信したりできます。

みーこ： どういう生命体に会いましたか？

マ　ス： 実にさまざまな生命体に会ったり、その意識を体験したりしました。一番驚いたのは、星自体が生命体なのです。生命エネルギーの息吹をまわりの空間へ放射して、喜びと歓喜で躍動しているのです。

みーこ： わたしたちが生命体であるのと同じ意味で、星が生命体なのですか？

マ　ス： そうです。差はまったくありません。生命エネルギーの脈動が『意識』で、その意味で、すべての存在が生命エネルギーの表出であって、脈動し、『意識』を持っているのです。そういう意味で、宇宙には生命エネルギーが満ち溢れています。

みーこ： 星以外ではどういう生命体に会いましたか？

マ　ス： 人間に良く似たものから、魚やイカ、クラゲやアリのような生命体、個体同士の意識がつながっていてサンゴのように群生している生命体もいます。さらに、非物質エネルギーの生命体にも遭遇しました。生命はこの宇宙のかなり多くの場所で進化、発展していることがわかりました。まれな存在ではなく、むしろ一般的な存在なのです。これらのうちいくつかはわたしのI・Tクラスターの一員です。わたしのI・Tクラスターは人類以外にも広がっているのです。

みーこ： 何らかの形の文明には遭遇しましたか？

Chapter 4

マ　ス：　はい。ケンタウルス座アルファのそばの惑星では地球上と良く似たビルの建つ都市を見ました。また、オリオン座の三ツ星の近傍にある小さな星の惑星では太古に文明が発達し、その後、滅亡したということです。

フォーカス49の世界／その①

I・Tスーパークラスター

マ　ス： さらに上のフォーカス49まで来ると、自分のI・Tクラスターがさらに大きなものの一部であることが把握されます。

みーこ： それは何と呼ばれるのですか？

マ　ス： I・Tスーパークラスターとか、モンローの表現では「無限に続くと思えるI・Tクラスターの海」です。要するに、自分に関連するI・Tクラスターがさらに集まってより大きな集団を形成しているのです。ここまで来れば、その集団に属する人や生命体の意識を体験できます。

みーこ： 人類全体を網羅するのですか？

マ　ス： どのくらい広い領域をカバーしているのかわかりません。他の星に住む生命体も多数含まれています。たとえば、アンドロメダ座銀河には地球そっくり惑星があり、そこにわたしのI・Tスーパークラスターの一員がいます。その生命体は人類そっくりで、町並みも地球と瓜二つです。ここに二度行ったことがありますが、そこのわたしは15歳ぐらいの少年です。

Chapter 4

アンドロメダ座銀河内にある地球そっくり惑星の様子。
東京のどこにでもある本屋のように見えます。

第4章 輪廻を超えた世界へ

フォーカス49の世界／その②

クラスター・カウンシル

マス： フォーカス35には自分のI・T（トータルセルフ）を代表するガイドたちがいたように、フォーカス49には、I・Tスーパークラスターを代表する複数の生命体がいます。彼らはクラスター・カウンシルと呼ばれます。その意識レベルまで達した高次の意識存在です。

銀河系から出る

マス： フォーカス49まで来ると、銀河系から脱出し、他の銀河を訪れることができます。たとえば、アンドロメダ座銀河やおとめ座銀河団などです。また我々の銀河系を外から眺めることもできます。

みーこ： どういうふうに見えるのですか？

マス： エネルギーの渦とか、流れというふうに見えます。銀河は実際、渦巻いているものが多いので、天体写真に見るような感じに見えます。銀河系の場合、詳細を比較すると、写真よりも中央部の黒い部分が大きく見えました。それから、もっと驚いたことは、銀河系が女性の声で話しかけてきたことです。銀河系自体が生命体なのです。

みーこ： 星が生命体であったように、銀河も生命体なんですか。

マス： 星にはそれほど知性を感じませんでしたが、銀河系には知性と愛情を感じました。それから言い忘れましたが、**フォーカス49では、我々の銀河系のコア（中心核）も訪問できます**。銀河コアに近づくと、その中心へ向かう生命エネルギーの猛烈な流れがあります。それは生命エネルギーの源への帰還の流れです。また、逆に銀河コアから外向きへ出る生命エネルギーの流れもあります。

Chapter 4

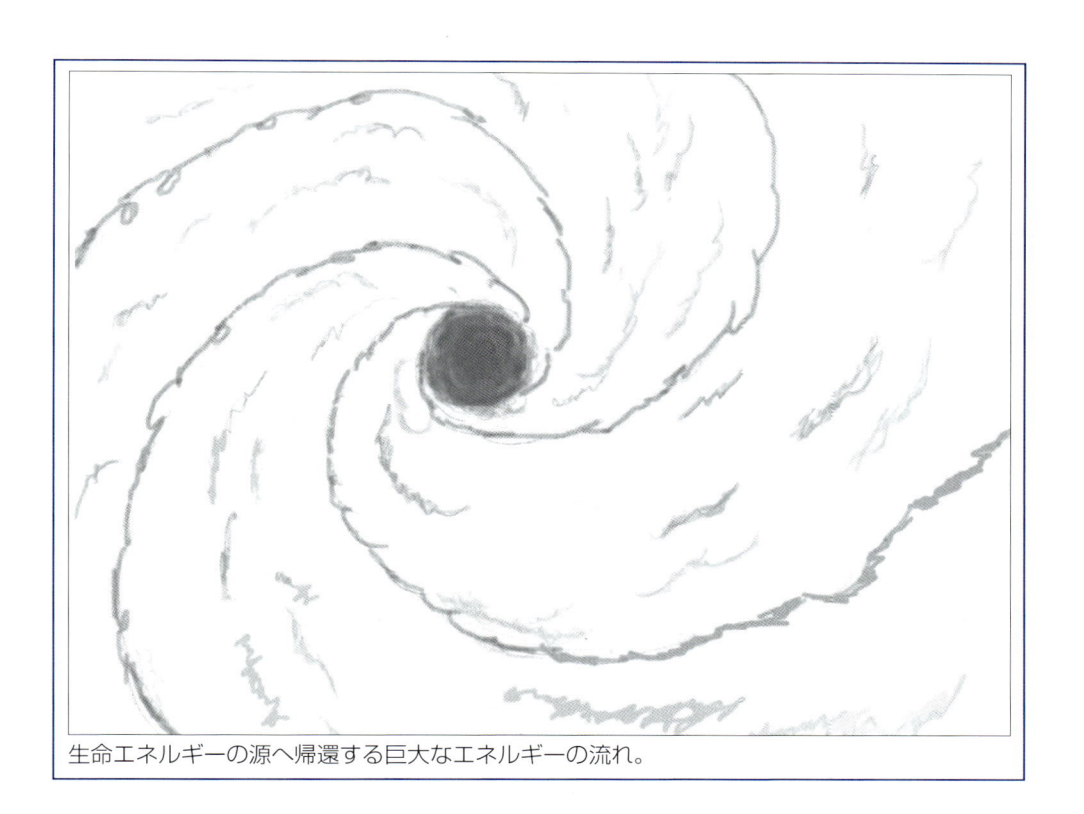

生命エネルギーの源へ帰還する巨大なエネルギーの流れ。

フォーカス49を超える世界／その①

スター・ゲートから先へ

マ ス： フォーカス49からさらに上へ行くには、スター・ゲートと呼ばれるところを通ります。スター・ゲートは銀河のコアなどにあり、トンネルへの入り口のようなところです。中へ入り、長いチューブ状のところを通過すると、いくつものフォーカス・レベルを一挙に超えることが可能です。

みーこ： 便利なところですね。

マ ス： そうです。ただ、入るには練習が必要で、わたしもガイドの訓練を受けてから初めて入りました。チューブ内を流れといっしょに前方へ進んでいくと、あるところで、何かを抜け出て、停止しました。振り返ると今通った穴のまわりに青白い球が無数に並んでいるのが見えました。ここには何度か行ったのですが、2回目に行ったときに観察すると、球はすり鉢状の構造の側面に並んでいて、すり鉢構造の底の部分に今通った穴があります。基本的にスタジアムと同じ構造なのです。

みーこ： I・TとかI・Tクラスターがスタジアムに見えるとおっしゃっていましたが、あのことですか？

マ ス： そうです。今回もスタジアムと基本的に同じ形をしていることに気が付きました。つまり、これはさらに大きなクラスター（集団）だということです。個々の球はI・Tスーパー・クラスターなのです。宇宙と言ってもいいでしょう。

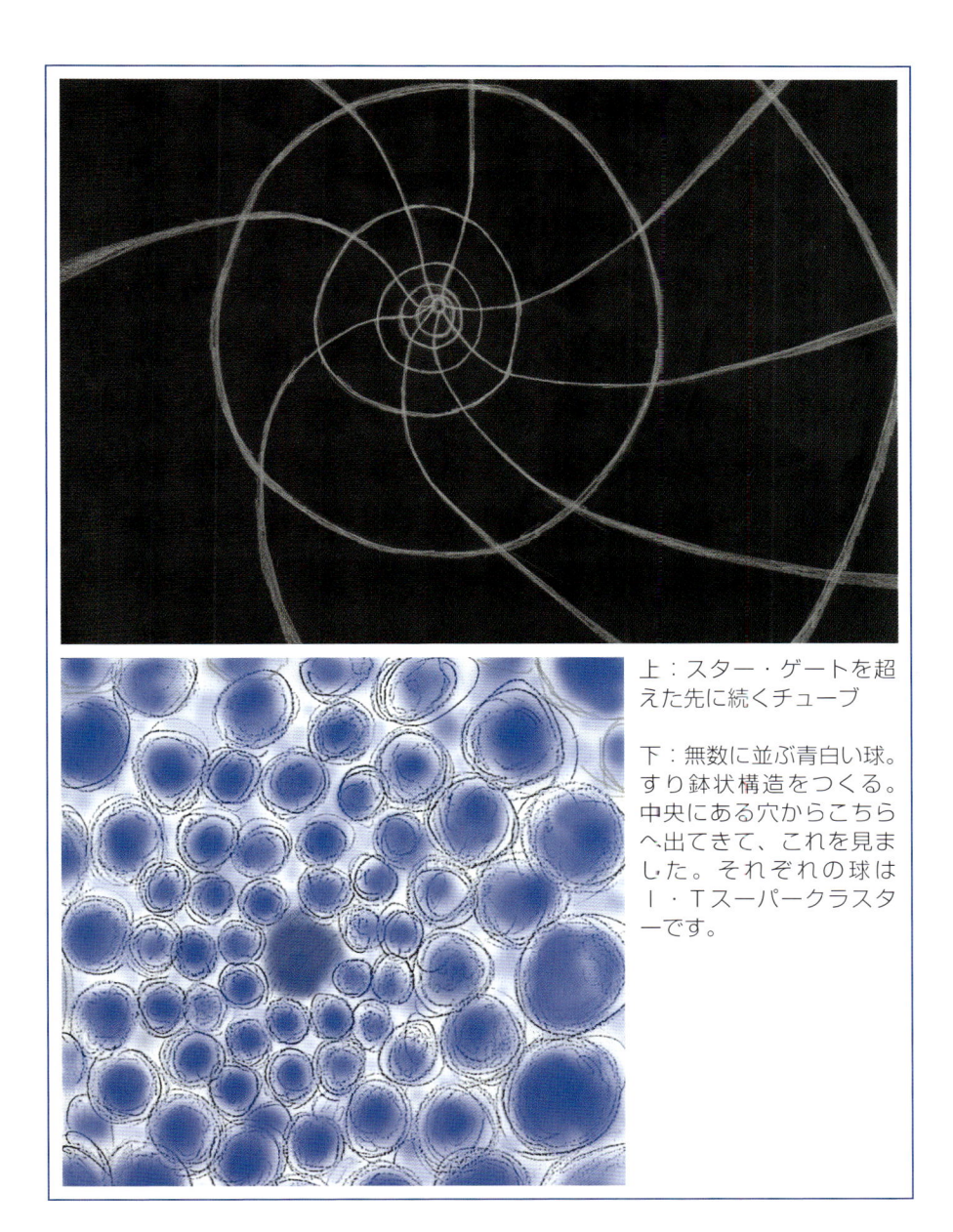

Chapter 4

上：スター・ゲートを超えた先に続くチューブ

下：無数に並ぶ青白い球。すり鉢状構造をつくる。中央にある穴からこちらへ出てきて、これを見ました。それぞれの球はⅠ・Ｔスーパークラスターです。

フォーカス49を超える世界／その②

I・Tスーパー・スーパー・クラスター

みーこ： I・Tスーパー・クラスターがすり鉢状またはスタジアム状に集まってさらに大きなクラスター（集団）を作っているということですか？

マ　ス： そうなんです。つまり、I・Tスーパー・スーパー・クラスターとか、I・Tスーパー2乗・クラスターとでも呼べばいいものです。

みーこ： フォーカス49にはI・Tスーパー・クラスターがあるということでしたが、49よりも上に行くと、さらに大きなI・Tスーパー・スーパー・クラスターがあるということですね。

マ　ス： そうなんです。この場から少し移動すると、大きな空間にこの青白い球が見渡す限り3次元的に並んでいるところへ来ました。

みーこ： それが右のイラストですか？

マ　ス： そうです。別の機会にここからさらに先へチューブの中を通って行きました。つまり、さらに上のレベルへ行ったのです。すると、また、大きな空間に出て、そこには、また同じような球が無数3次元的にひしめいているのです。

みーこ： 上のレベルに行くと、さらに大きなクラスターがあるということですか？

マ　ス： そうです。I・Tスーパー3乗・クラスターとでも呼びましょうか。同じパターンが繰り返されるのです。どこまで行くのかはわかりませんが。どこかで、究極のすべての源へ行き着くのだと思います。

Chapter 4

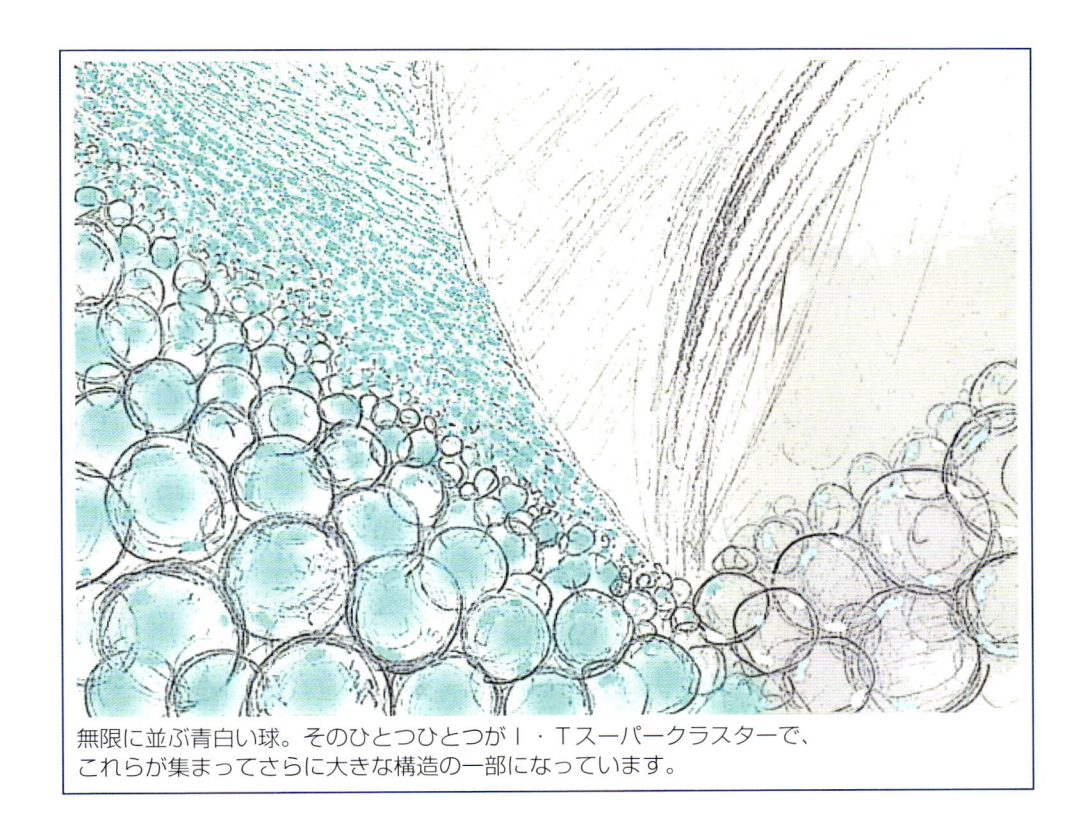

無限に並ぶ青白い球。そのひとつひとつがⅠ・Ｔスーパークラスターで、これらが集まってさらに大きな構造の一部になっています。

第4章　輪廻を超えた世界へ

5章
意識の歴史と生命エネルギー

この章では、生命エネルギーの源とわたしたちの意識の関係について
ブルース・モーエンの見出したことを基にお話します。

この章の要点

1. 宇宙のあらゆる存在が生命エネルギーの脈動
2. 脈動は意識である
3. 生命エネルギーの源と意識の歴史について

森羅万象と意識

すべての存在にある意識

マ　ス：　フォーカス42や49での体験で強く感じたことのひとつに、この宇宙のあらゆる存在が生命エネルギーの脈動だということです。植物や動物だけでなく、無機物と言われているもの、星や銀河などの天体、岩、結晶、風など、あらゆるものが生命の息吹であり、脈動なのです。脈動とは躍動であって、生命エネルギーの躍動感がほとばしり出ている姿です。生命エネルギーがさまざまな形をとって現れているのです。そして、脈動が意識なのです。

みーこ：　脈動が意識とはどういうことですか？

マ　ス：　たとえば、星がリズミカルに振動する様は、そこに喜びが満ち溢れています。リズミカルな脈動には、素朴な意識の芽生えがあるのです。

みーこ：　森羅万象に意識があるということですか？

マ　ス：　はい。ただ、そう言うと我々と同じような意識を思いますが、たとえば、植物に意識があると言うと、何となく、わかるような気がしますよね。その意識は我々よりはかなり素朴だと。それと同じ感じで星の持つ意識も素朴なのです。岩や溶岩はもっと単純かもしれません。風はもう少し高尚でしょう。

生命エネルギー　＝　生命力、創造性、愛、知性、好奇心

マ　ス：　生命エネルギーは不思議なエネルギーです。それはみずみずしい命そのものでもありますし、新しいものを生み出す創造性、すべてを受け入れる無条件の愛、崇高な知性、さらに好奇心が含まれています。こういった白くまばゆく輝くエネルギーが生命エネルギーなのです。

Chapter 5

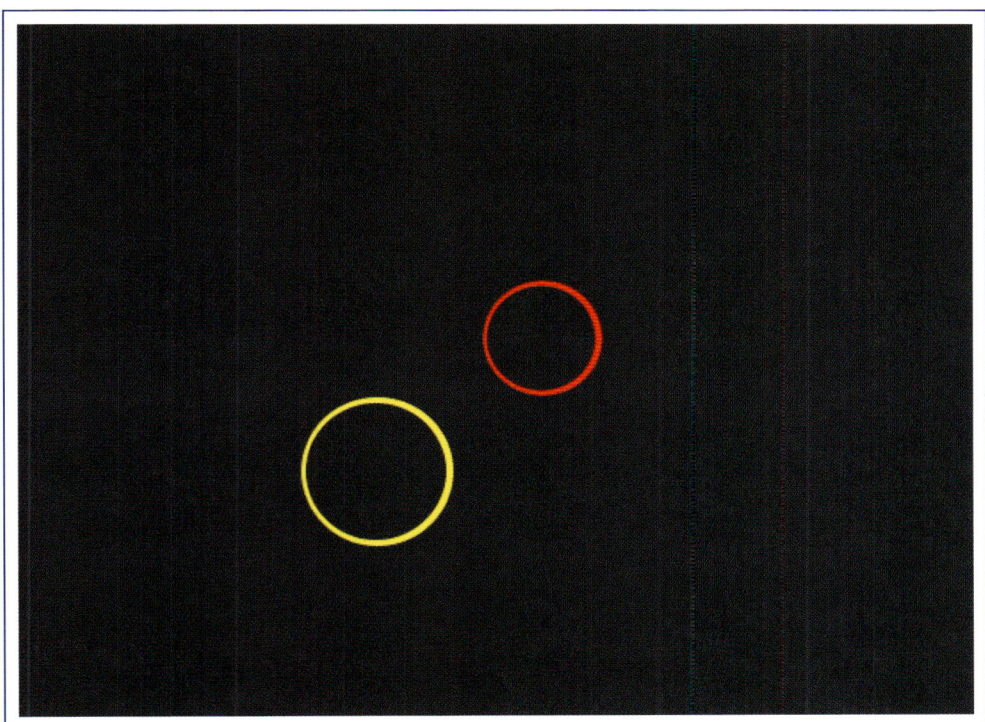

わたしが見たケンタウルス座アルファ星（二重星）。
二つの星がペアダンスを踊るように互いに回り、リズミカルに
生命エネルギー放っていました。

森羅万象と意識

生命エネルギーの源

マ　ス：　宇宙のすべての存在は、宇宙を含めて、生命エネルギーが形を取って現れ出たものです。

みーこ：　生命エネルギーは宇宙に満ち満ちているということですが、その源はどこにあるのですか？

マ　ス：　前の章でお話しましたが、フォーカス49を超えて上に上がって行くにつれ、意識がどんどんいろいろな生命体につながっていくことがわかります。あるところまで行けば、すべての存在につながる段階、つまり源へ行き着くと思います。ここまで行った人は今までにいないと思いますが。

みーこ：　そこは神や創造主のいるところですか？

マ　ス：　生命エネルギーの源、創造的エネルギーの源です。個人的には、神とか創造主という言葉はあまり使いたくありません。というのは、こういう言葉はあまりに限定的で、特定の宗教の色が付きすぎていますので。

モーエンの見出した意識の歴史

マ　ス：　ブルース・モーエンという人がモンロー研での体験を4冊の本に著しています。彼はその中で生命エネルギー（無条件愛）の源について自分で見出したことを書いています。この話は、モンローやわたしが体験したことと非常にうまく整合しますので、ここに紹介します。

みーこ：　どうやって源についての情報を得たのですか？

マ　ス：　彼は、わたしがやったようにフォーカス49のはるか上へ行き、そこのレベルにいる意識存在から情報を得たのです。その情報は生命エネルギーの源とす

Chapter 5

べての存在との関係についてです。

　モーエンの著書にその関係が物語り風にかかれてありますので、それを紹介しましょう。

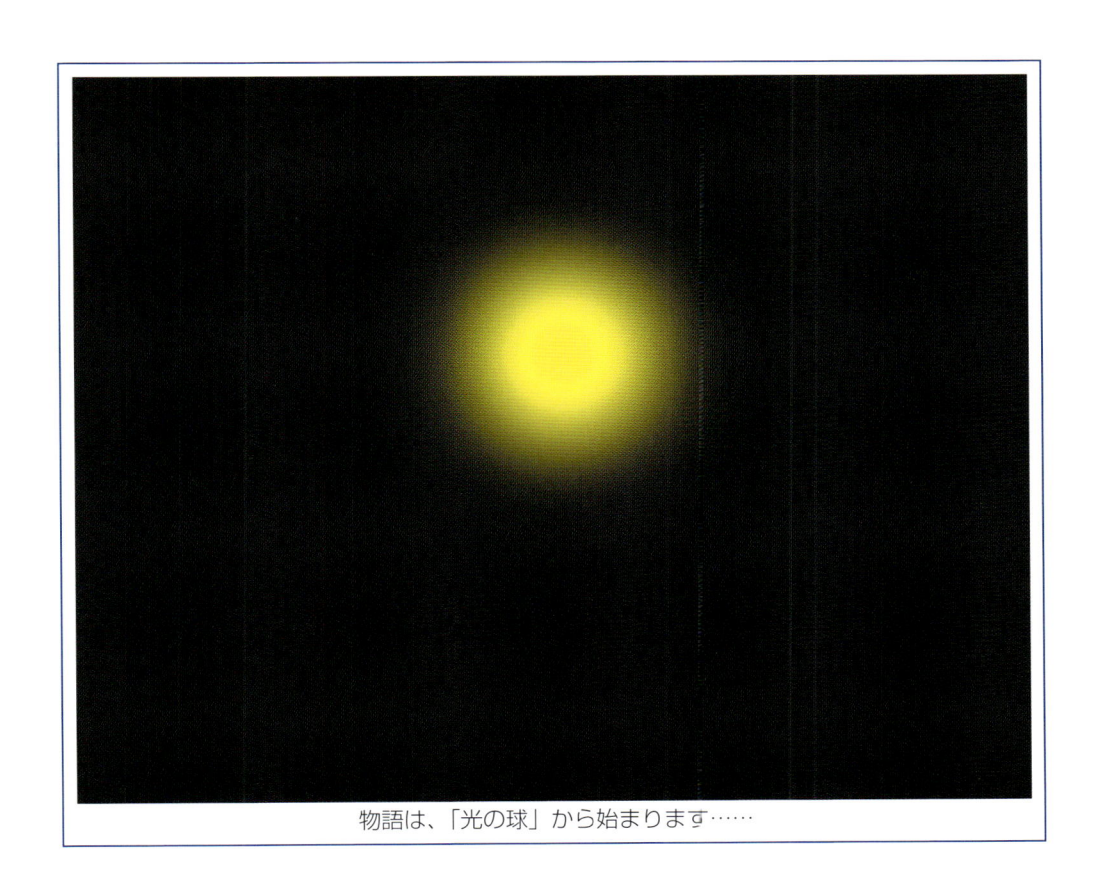

物語は、「光の球」から始まります……

森羅万象と意識

はるか昔

　はるか昔、あるところに、といっても時間も空間も存在する前のことですが…、自分自身のことを認識する存在がいました。それをここでは、「光の球」と呼びましょう。

　光の球は「大いなる未知」に囲まれていました。光の球は「大いなる未知」になにがあるのか、とても興味をもちました。

　そこである計画を思いつきました。それは自分の一部を「大いなる未知」の探索に送り出すというものです。自分の子どもたちを、見聞を広めるために、旅に出すようなものです。

　ところが、そうやって最初に送り出した探索の子どもたちは、あっというまに分解して散り散りになり、戻ってくることはありませんでした。それでも、光の球は子どもたちを送り出し続けました。

　あるとき、ひとりの子どもがひょっこり戻ってきました。そして探索の結果を光の球に報告しました。その結果、探索された部分の未知が既知となりました。

　光の球は気付かなかったのですが、送り出した子どもたちはみな光の球が持っている「好奇心」を持っていました。

　なぜ、その子どもは分解せず、戻ってくることができたのでしょうか。

無条件の愛

　まず、その子どもは無条件の愛で固められていたので、分裂しなかったのです。さらに、大いなる未知のすべてを愛を通して見、自分を愛し返すものを探しつづけていました。あるとき、はるかかなたに愛を放つものを感知し、そちらに向か

Chapter 5

っていくと、光の球に戻ることができたのです。

　そのとき以来、送り出される子どもたちは、愛によって固められ、好奇心を持って大いなる未知を探索し、光の球に帰還するときに、大いなる愛という報酬を受けることになりました。さらに、それぞれの子どもたちは、しっかりと意識の糸で光の球に結ばれていて、行方不明にならないようになりました。

　好奇心が子どもたちを「大いなる未知」の探索に旅立たせ、「無条件の愛」へ戻りたいという欲求が、探索を終えた子どもたちを光の球へ戻らせるのです。

　子どもたちは、光の球がやった方法をコピーしました。つまり、自分の一部を使って、自分たちの子どもをつくり、それらを「大いなる未知」へ旅出たせたのです。光の球からすると、孫ということになります。孫たちは、さらにそれをまねて子どもをつくり、さらに「大いなる未知」へ旅立たせたのです。これが何回も繰り返され、「大いなる未知」は隈なく探索されていきました。

　以上が、モーエンの著書からの要約です。

森羅万象と意識

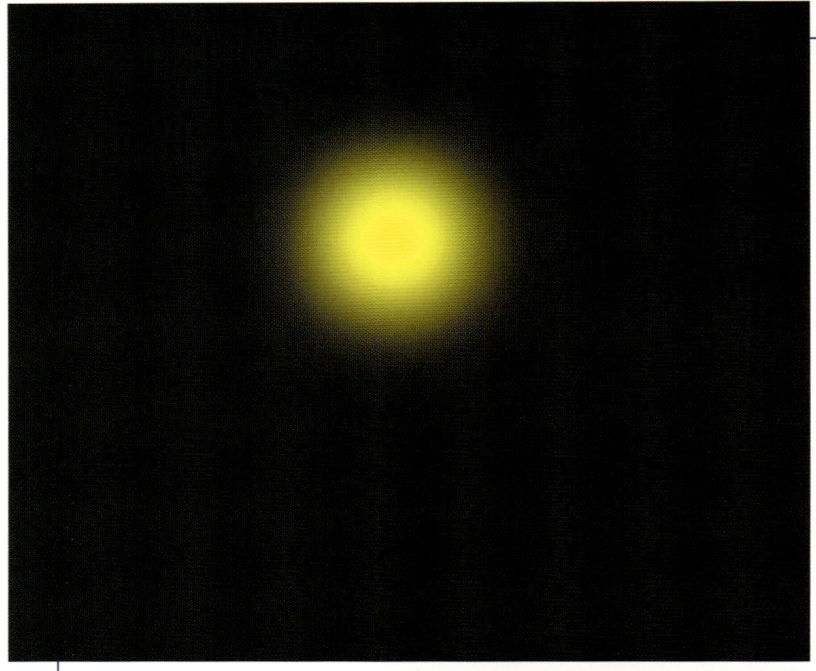

最初に光の球がありました。

光の球は、好奇心に満ちていて、「大いなる未知への探索」のために、自分の子どもを、探索に向かわせました。
……しかし、誰一人として戻ってくることはありませんでした。

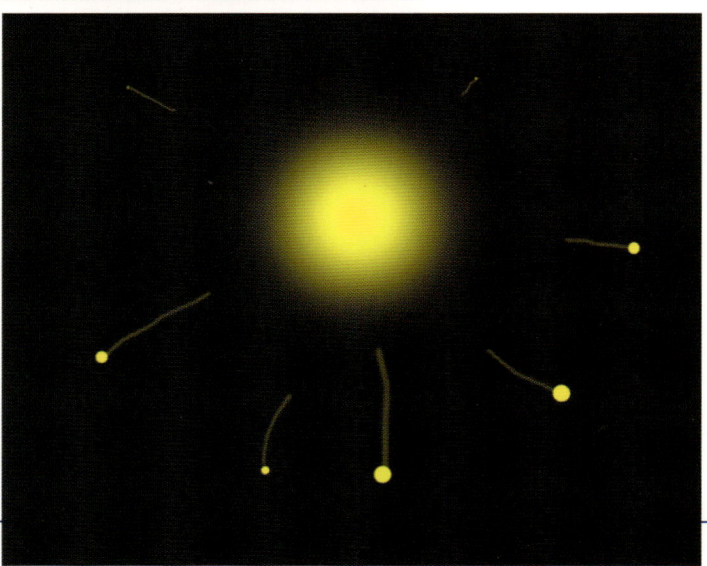

Chapter 5

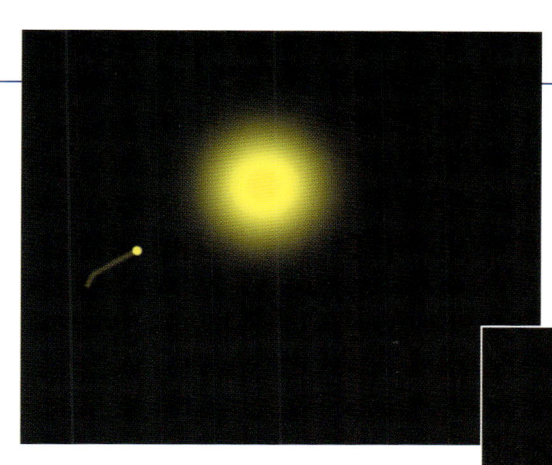

ところが、あるとき一人の子ども
が戻ってきたのです。

戻ってきた子どもは「光の球」の愛を目指し
て戻ってきたのです。愛が光りの球と子ども
をつなげるものだったのです。こうして、光
の球は、愛を絆にして、再び「大いなる未知
への探索」に子どもたちを向かわせました。

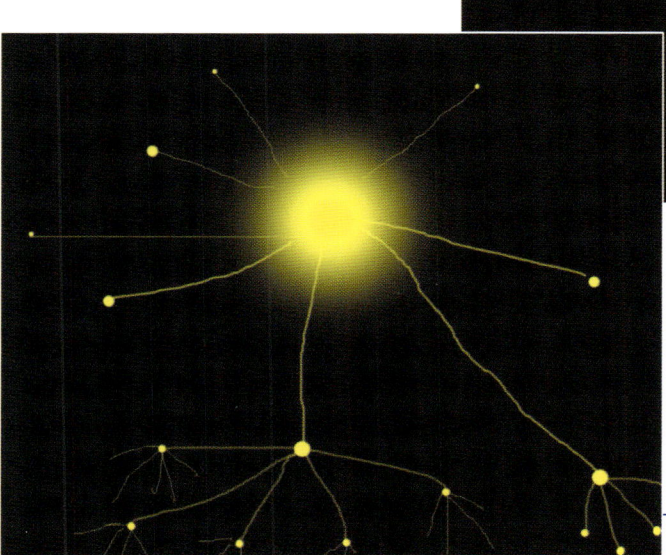

子どもたちはその方法をまねて、
自分たちも子どもを作り出し、
さらなる大いなる未知への探索
を、いまも続けているのです。

第5章　意識の歴史と生命エネルギー　115

森羅万象と意識

わたしたちは光の球の子孫

　わたしたちやあらゆる宇宙の全存在が光の球の子孫なのです。未知を探索する際に、さまざまなものを創造しながら探索したので、結果として、いくつもの宇宙や森羅万象が創り出されました。わたしたちが好奇心に満ちているのは、光の球の遺伝子を受け継いでいるからです。無条件の愛に戻りたい、浸りたいと願うのも、光の球の遺伝子があるからです。

わたしたちは、
みな光の球の子孫です。
「大いなる未知の探索」の
途上にあって、
光の球と意識の糸で
つながっているのです。

6章
人間卒業とスーパーラブ

この章では、人間を卒業しフォーカス35へ帰還するには
何が必要なのかについてお話します。
それはスーパーラブと呼ばれるものです。

この章の要点

1. 人間界は学習の場
2. 学ぶべきことを学び、卒業する
3. 何を学ぶのか
4. それはスーパーラブ
5. 世の中のどこにも存在しないスーパーラブ
6. どうやって学ぶのか

Chapter 6

人間体験は卒業するためにある

輪廻からの卒業

マ　ス：　わたしたちは何のために人間を生きていると思いますか？

みーこ：　それは、人によってさまざまですが、お金を儲けたり、有名になったり、人に愛されたり、子どもを育てたりするためではないでしょうか。

マ　ス：　違います。輪廻から卒業するためです。

みーこ：　輪廻からの卒業ですか？

マ　ス：　そうです。今までに何回も人間として生きてきましたが、卒業するのです。人間界というのは、言ってみれば学校です。学ぶべきことを学び、卒業するためのものなのです。

みーこ：　何を学べばいいのですか？

マ　ス：　そこが難しいのですが、モンローは、それは「スーパーラブ」だということを発見しました。

みーこ：　「スーパーラブ」ですか？

マ　ス：　はい。これはモンローの造語です。この世には存在しないから、適切な言葉がないと言ってます。しかたがないので、スーパーラブ（超愛）と呼ぶことにしたのです。それは、「生命エネルギー」と言い換えてもいいのですが、わたしたちはそれを純粋な形で体験したことはありません。その片鱗として、生命力、命、創造性、愛、知性、好奇心なら体験したことがあります。

みーこ：　そういったものの総和ですか？

マ　ス：　総和を超えたものです。

みーこ：　そんなこの世にないものをどうやって学ぶのですか？

マ　ス：　卒業するのが難しい理由がわかったようですね。この世に存在しないな

Chapter 6

ら、存在するところからもらうしかないのです。スーパーラブは生命エネルギーのことですから、その源からもらうのが適切でしょう。直接もらえませんので、通常はガイド経由でもらうのです。もらうことで、学べます。

みーこ： どうやってもらうのですか。

マ　ス： それが非常に難しいのです。人は心の中にさまざまな障壁があり、そのためもらえません。地球生命系で輪廻してきたために身に染み付いた固定観念もその障壁のひとつです。そういった障壁を少しずつ壊し、自由になっていくことで、最終的にもらえる段階にまで達します。具体的に何をやるべきかは、自分のガイドのみが知っています。ですから、ガイドの導きに従って生きていくのが大切だと思います。

　　　　　　　　　あとがき

　『死後体験』シリーズでは、さまざまなフォーカス・レベルで見た光景について描写しましたが、文章では伝えきれない部分がどうしてもありました。そこで今回、イラストでその辺を補おうと考え、この本ができあがりました。
　見た光景をできるだけ忠実に描くように努めましたが、いくつかの問題が出てきました。それは、ひとつに、詳細までの思い出せないということです。
　たとえば、あなたが見慣れない場所にはじめて行き、そこでの体験を後で思い出して絵にするのと同じです。印象に残ったことは描けますが、その他の部分は、あいまいにならざるをえません。
　ふたつ目の問題は、死後世界などの非物質界と呼ばれる世界での「ものの見え方」に起因します。
　非物質界での「ものの見え方」について、少し説明しないといけないでしょう。
　この世界では、大きく二通りの見え方があります。
　ひとつは、この物質界での見え方と似たように比較的はっきり見える場合です。
　もうひとつは、エネルギー体と呼ばれるものを見る場合で、ぬるぬるした水銀の塊が、何かの形をとっているように見えます。その印象として、看護婦だったり、何かの機械だったりします。
　たとえば、フォーカス23に囚われている人の生み出す世界の見え方は、前者ですが、少し、霞がかかったような感じで、向こうが透けて見えるように薄く見えます。
　それに対して、フォーカス24から26の世界は、この物質界とほぼ同じ見え方をします。ただ、そこで遭遇する人たちは、この物質界とはどこか異なる見え方をします。うまく表現できないのですが、写真の切り抜きのような感じです。

過去世の見え方は、細部まで非常にはっきり明確に見える場合と、そうでなく、ぼんやりとしか見えない場合とあります。見たくない過去を無理やり見ようとする場合に、ぼんやりとなるようです。
　エネルギー体として見える場合というのは、ごく限られています。
　今までの経験では、フォーカス27で出会ったヘルパーなどの知的生命体がそうでした。
　また、フォーカス23から、自分の過去世であるポリネシア人の青年を救出する際に、海の中で彼を見たときに、エネルギー体でした。
　さらに、海賊を海中の沈没船から救出したとき、フォーカス27まで行く途中に、やはり、エネルギー体でした。
　エネルギー体というのは、その人の想いに応じて、姿が刻々変化します。また、いくつかの姿を同時に持ってしまったりしますので、把握するのが難しいということもあります。
　また、エネルギー体の場合、こちらの解釈が入り込む余地があり、それによって、こちらの解釈に応じた姿形に見えるということもあります。解釈がうまく定まらないために、刻々と見え方が変わっていくということも起こります。
　以上をまとめると、次のことが言えます。

◆ 人の想いが生み出したものは、この物質界のものと同じような見え方をする。ひとりの生み出したものは淡く、大勢の生み出したものは、はっきりと見える。
◆ それに対して、人などの生命体は、その人の想いが固定しているフォーカス23か

ら26では、はっきり見える。その場合、変化が乏しいので、写真の切り抜きのような見え方をする。
- ◆ こういった状態から離れ、想いが自由になるにつれ、エネルギー体本来の姿に戻り、見え方も想いに応じて変化が激しくなる。また、こちらの解釈の入り込む余地があり、そのためにも、見え方が変化する。
- ◆ フォーカス27でヘルパーたちは、ある役割を演じる際には、その役になりきり想いを固定するが、それでも、エネルギー体としての見え方が残ってしまう。

　このように見え方にいくつかのタイプがあります。この本では、イラストを描く際に、その辺の違いも出るように努めました。

　たとえば、フォーカス23は薄く淡く描き、24から26はもう少し明確に描きました。エネルギー体がそのまま見える場合は、水銀のような不定形のものを描くことにしました。

　最後に、非物質界でどういう体験をするかには個人差があります。またどう見えるかにも、かなり個人差があると思います。ここに載せたものは、あくまで、わたし個人の体験ですので、参考にする程度にしてください。

　みなさんが各自、ご自身で体験するということが大切です。米国のモンロー研究所はそのための場を提供しています。アクアヴィジョン・アカデミーではモンロー研でのプログラムに参加するツアーを実施しています。詳しくは巻末の資料をご覧ください。

巻末資料

体外離脱・死後世界

　　1）ロバート・モンロー、「魂の体外旅行」（日本教文社）
　　2）ロバート・モンロー、「究極の旅」（日本教文社）
　　3）坂本政道、「体外離脱体験」（たま出版）
　　4）坂本政道、「死後体験」、「死後体験Ⅱ」、「死後体験Ⅲ」（ハート出版）
　　5）坂本政道、「ＳＵＰＥＲ　ＬＯＶＥ」（ハート出版）
　　6）坂本政道、「超意識」（ダイヤモンド社）

モンロー研ツアー、ヘミ・シンクＣＤ販売、セミナー開催

　有限会社アクアヴィジョン・アカデミー
　　　住　　所：成田市加良部1-1-3, 1002
　　　電　　話・ファックス：043－423-8411
　　　ウェブサイト：http://www.aqu-aca.com

モンロー研究所

　The Monroe Institute, 62 Roberts Mountain Road, Faber,
　Virginia 22938-2317,USA
　　　電　　話：米国（434）－361－1252
　　　ウェブサイト：http://www.monroeinstitute.org/

坂本政道（さかもと　まさみち）

アクアヴィジョン・アカデミー代表

1954年生まれ。
1977年東京大学　理学部　物理学科卒。
1981年カナダのトロント大学　電子工学科　修士課程修了。
1977年ソニー(株)に就職。半導体素子の開発に従事。
1987年にヘッドハンティングされて渡米。米国カリフォルニア州にある
　　　　光通信用半導体素子メーカーSDL社にて半導体素子の開発に従事。
1995年帰国、同社の日本におけるマーケティングに従事。
2000年5月、変性意識状態の研究に専心するため退社。
2001年3月、「体外離脱体験」（たま出版）を出版。
2003年4月、「死後体験」（ハート出版）を出版。
2004年2月、「死後体験Ⅱ」（ハート出版）を出版。
2004年8月、「スーパー・ラブ」（ハート出版）を出版。
2005年1月、「死後体験Ⅲ」（ハート出版）を出版。
2005年1月、「超意識あなたの願いを叶える力」（ダイヤモンド社）を出版。

最新情報については著者のウェブサイト「体外離脱の世界」
（http://www.geocities.jp/taidatsu/）に常時アップ。

Desighn ◆ THANK（カナイ　エミコ）
◆カバー画像提供：NASA and the NSSDC
　※カバーの画像はNASA and the NSSDC提供の写真をもとに加工

わかりやすい！
絵で見る「死後体験」

平成17年8月18日　　　　第1刷発行

著者　　坂本政道
発行者　　日高裕明
＠2005 Sakamoto Masamichi　Printed in Japan
発行　　ハート出版

〒171-0014　東京都豊島区池袋3-9-23
TEL.03-3590-6077　FAX.03-3590-6078
ハート出版ホームページ　http://www.810.co.jp

乱丁、落丁はお取り替えします。その他お気づきの点がございましたら、お知らせください。
ISBN4-89295-522-1　　　　　　　　編集担当　藤川すすむ　　印刷　中央精版印刷株式会社

あなたの死後世界観が変わる

大好評！ 坂本政道の「死後体験」シリーズ

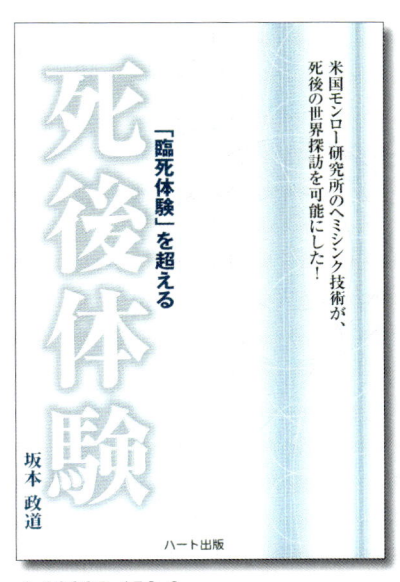

死後体験
死とは何か？

これまでは「特別な能力」を備えた人しか行くことの出来なかった死後の世界を、身近な既知のものとして紹介。死後世界を「科学的」かつ「客観的」に体験した驚きの内容。

本体価格１５００円

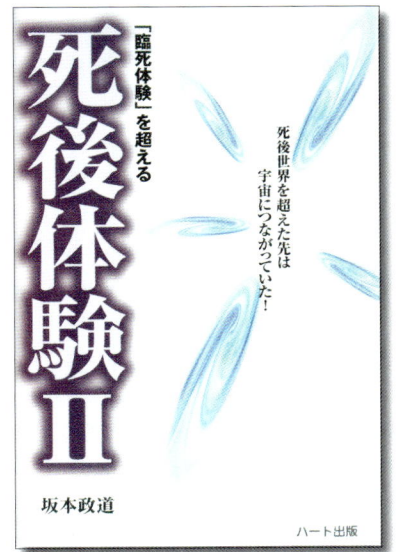

4-89295-478-0

死後体験Ⅱ
命とは何か？

前作では行くことの出来なかった高い次元へのスピリチュアルな探索。太陽系は？ 銀河系は？ それよりはるかに高く、遠い宇宙は？ 見たことも聞いたこともない世界が広がる。

本体価格１５００円

4-89295-465-9

あなたの死後世界観が変わる

大好評！坂本政道の「死後体験」シリーズ

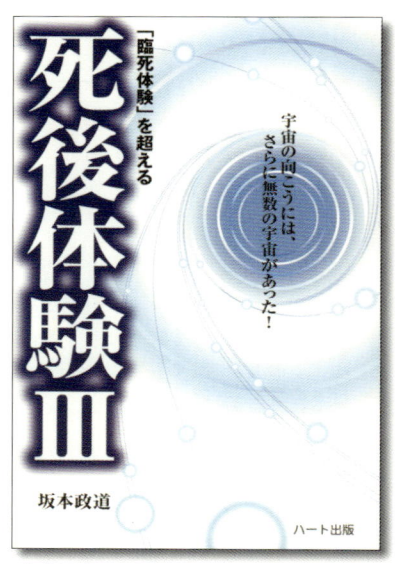

死後体験Ⅲ
宇宙の深淵へ

我々の住む宇宙以外にも、べつの宇宙がある。人間の想像をはるかに超えた死後の世界。我々の意識はどこまで広がるのだろう。
夢と希望、そして人の計り知れない能力。

本体価格１５００円

4-89295-506-X

スーパーラブ
究極の愛へ

好評の「死後体験」シリーズをわかりやすく、愛と命を中心にまとめた内容。本物の幸せ、肉体が滅んでもなお消えない幸せとは…。究極の愛を求めるあなたのための一冊。

本体価格１３００円

4-89295-457-8

あなたの死後世界観が変わる

スピリチュアリズムが明かす歴史の謎

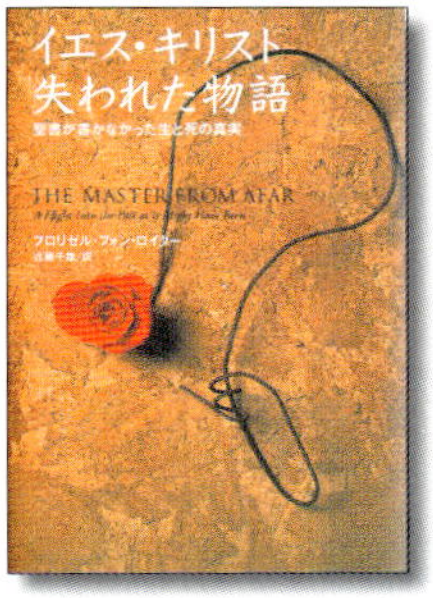

4-89295-486-1

ジャンヌ・ダルク 失われた真実

コナン・ドイル絶賛。祖国フランスを侵略の危機から救ったジャンヌ・ダルク。その苦難に満ちた生涯と、後世に残したスピリチュアルメッセージ。

レオン・ドゥニ著／浅岡夢二訳
本体1500円

4-89295-468-3

イエス・キリスト 失われた物語

聖書が書かなかった生と死の真実。民族解放のためローマの圧政に立ち向かう若き革命家イエスの痛快な冒険活劇。

F・V・ロイター著／近藤千雄訳
本体1500円

スピリチュアル世界を解明する名著

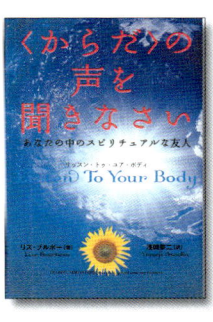

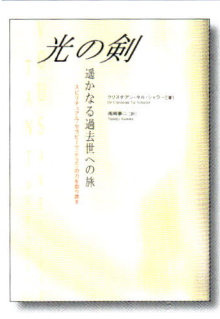

4-89295-502-7

光の剣　遙かなる過去世への旅

ホリスティック医療の第一人者による、過去世療法30年の記録。ヨーロッパで〈現代の古典〉と呼ばれる名著。死は生命の終わりではなく通過点なのである。

クリスチアン・タル・シャラー著／浅岡夢二訳
本体1500円

4-89295-456-X

〈からだ〉の声を聞きなさい

あなたは思い通りの人生を生きられます。この本には、そのためのシンプルで具体的な方法が書かれています。あなたの〈からだ〉は、自分に必要なものを知っています。

リズ・ブルボー著／浅岡夢二訳
本体1500円

あなたの死後世界観が変わる

【シルバーバーチとは……】
１９２０年から６０年間もの長きにわたり、英国人モーリス・バーバネルの肉体を借りて人生の奥義を語ってきたスピリット。その「ダイヤモンドの輝き」と評されるメッセージは、高名なスピリットたちの中でも、とりわけ明快かつ説得力を持ち、今なお多くの人々に感動を与え続けている。

坂本政道氏推薦──
シルバーバーチのメッセージは、人間の意識や死後世界、霊的成長の必要性について深い知見と感動を与えてくれます。

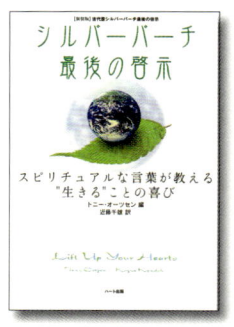

シルバーバーチ 最後の啓示
4-89295-508-6
「古代霊シルバーバーチ最後の啓示」改題
高級霊シルバーバーチが残した人類への最後のメッセージ。心に刻まれる人生の指針がここにある。
T・オーツセン 編
近藤千雄 訳
本体1300円

シルバーバーチの新たなる啓示
4-89295-471-3
「古代霊シルバーバーチ新たなる啓示」改題
魂の真理を説き、世界中に感動を与え続ける高級霊言の選集。
T・オーツセン 編
近藤千雄 訳
本体1300円

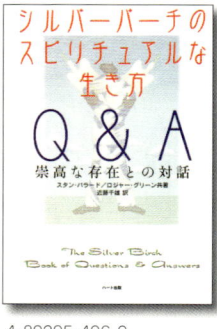

シルバーバーチのスピリチュアルな生き方Q&A
4-89295-496-9
生まれ変わりはあるか？　自殺は許されるか？　英知の泉が人生の難問２７０の問に答える。
S・バラード／R・グリーン 著
近藤千雄 訳
本体1300円

シルバーバーチのスピリチュアル・メッセージ
4-89295-489-6
「古代霊シルバーバーチ不滅の真理」改題
魂の真理を説き、世界中に感動を与え続ける高級霊言の選集。
T・オーツセン 編
近藤千雄 訳
本体1300円